La route de Manchester et de Glasgow

Glasgow

(Volume 2)

Par ici jusqu'à Gretna Green

Charles G.Harper

Writat

Cette édition parue en 2023

ISBN : 9789359253800

Publié par
Writat
email : info@writat.com

Contenu

Je .... - 1 -

II .... - 4 -

III .... - 12 -

IV .... - 18 -

V .... - 22 -

VI .... - 28 -

VII .... - 31 -

VIII .... - 35 -

IX .... - 40 -

X .... - 43 -

XI .... - 49 -

XII .... - 54 -

XIII .... - 59 -

XIV .... - 67 -

XV .... - 70 -

XVI .... - 78 -

XVII .... - 86 -

XVIII .... - 91 -

XIX .... - 96 -

XX .... - 100 -

XXI .... - 108 -

XXII .... - 116 -

XXIII .... - 119 -

XXIV .... - 125 -

XXV .... - 133 -

XXVI .... - 137 -

XXVII ....- 145 -

XXVIII ....- 153 -

XXIX ....- 160 -

XXX ....- 166 -

XXXI ....- 172 -

XXXII ....- 178 -

XXXIII ....- 182 -

XXXIV ....- 186 -

XXXV ....- 195 -

XXXVI ....- 200 -

XXXVII ....- 209 -

Note de bas de page ....- 214 -

je

La gare de LONDON ROAD MARQUE AUJOURD'HUI LE DÉBUT DU CENTRE DE MANCHESTER. Jusqu'à présent, la très longue route, bien que très fréquentée et encombrée, a été, sinon une pensée suburbaine, du moins occupée principalement à l'échelle du commerce de détail. Mais ici, là où le chemin de fer amène les voyageurs de Londres, on voit Manchester comme la grande ville aux immenses entrepôts : le lieu qui ne fabrique plus mais traite en gros et en gros les marchandises produites dans un cercle de villes dépendant.

De London Road, vous arrivez immédiatement à Piccadilly, qui ne ressemble en rien à la Piccadilly de Londres ; et là, vous vous retrouvez au cœur même du tumulte de Manchester. Tout cela n'a peut-être pas beaucoup d'importance pour l'homme de commerce qui voyage en express depuis Londres et qui se contente de se lever de son journal pour descendre puis prendre un taxi de ce terminus ferroviaire à l'un des autres terminus ou à son entreprise. rendez-vous; mais suivre la route qui part de Londres à vélo et entrer ainsi dans Manchester, c'est comprendre la grande métropole du coton telle qu'elle est réellement par rapport au reste du pays. Pour un tel voyageur , le bruit, la foule, l'énergie furieuse et les grands tas de bâtiments couverts de suie ne sont pas peu effrayants. Il y a beaucoup de bonne architecture moderne dans les rues de Manchester, mais un manteau noir recouvre tout. Et pourtant le ciel, quoique généralement couvert, car le climat de Manchester est larmoyant, n'est pas marqué de couronnes de fumée, et les cheminées d'usine ne sont pas une caractéristique de Manchester elle-même. Le dépôt de suie apparaît insensiblement dans l'air depuis la périphérie des villes, et bien qu'il ne soit pas visible dans le ciel, il atténue très vite la brique, la pierre et la terre cuite en un ton monotone et terne. Malgré toute la pluie qui lave la ville, il ne suffit pas de nettoyer sa couche de suie. La noirceur de Manchester est le premier caractère qui frappe l'étranger. Cela impressionna grandement le premier Shah de Perse qui visita l'Angleterre : Nasr-ed-din, venu en 1873, et qui écrivit ensuite un récit de son voyage. « La ville de Manchester, écrit-il, en raison de son nombre excessif de manufactures, a ses maisons, ses portes et ses murs noirs comme du charbon, et le teint, les visages et les vêtements des gens sont tous noirs. Toutes les dames de cet endroit portent la plupart du temps des vêtements noirs, car dès qu'elles mettent des vêtements blancs ou colorés , elles sont tout à coup noires !

Cela ne va pas sans exagérations pittoresques, et les citoyens de Manchester se reconnaîtront à peine dans ce teint d'encre, mais cela servira de récit de voyage et mettra un tranchant plus aigu sur la lame non aiguisée de la vérité. La noirceur la plus noire de toutes, cependant, est celle du grand bâtiment de l'Infirmerie, à Piccadilly, dont la teinte sable est la sœur de la nuit la plus sombre. Seules de longues années l'ont amené à cette richesse de teinte. L'art ne pourrait pas produire un tel noir ; Aussi terne et absorbant la lumière soit-il, le bâtiment ressemble à une gravure sur le ciel, et son architecture dorique dans ce revêtement étonnerait probablement n'importe quel Grec ancien qui aurait le privilège de revisiter la terre et de voir ce que les temps modernes ont fait des modèles anciens. . Mais l'infirmerie, mal placée ces jours-ci au milieu du bruit des rues, va bientôt être supprimée, et ce site, le plus beau de la ville, doit abriter une galerie d'art et une bibliothèque publique.

Il y a des statues sur le large trottoir devant l'Infirmerie, et de très belles statues aussi. Mais la dernière addition à leur nombre, celle de la reine Victoria, n'est pas une réussite. Les habitants de Manchester n'aiment pas cela – et à juste titre. La figure en bronze de la reine assise est une pauvre copie par Onslow Ford de la célèbre statue d'Alfred Gilbert à Winchester, et est placée dans un grand trône en forme de chaise à baldaquin qui forme un objet ridicule, vu le long de la rue, ressemblant à un gigantesque chaise de grand-père. Ce chiffre est l'image même de la sénilité. Onslow Ford était-il, après tout, un satiriste acharné de l'époque et de l'Empire ? L'horrible chose semble avoir réussi à représenter la décadence qui s'était installée au cours des dernières années de l'ère victorienne : cette époque glorieuse qui a façonné le monde dont le deuxième Jubilé, en 1897, était en réalité le monument et l'épitaphe. Ici vous voyez le visage fatigué et âgé, les mains tenant nerveusement l'orbe et le sceptre ; et on ne peut que penser que c'est vraiment typique de cette époque. Face à dix années supplémentaires de règne solitaire de l'époque victorienne, avec des abus anciens regroupés autour d'un trône occupé depuis longtemps, des méthodes en toile d'araignée serrées jalousement dans leurs bras, des premiers ministres scandaleux, qu'ils soient du type Old Man Eloquent ou l'homme tout aussi nuisible des Blazing Indiscretions, et le Un empire construit lentement aurait rapidement emprunté la voie de la désintégration. Un monument plus approprié que celui-ci pour le Manchester moderne, qui vit dans le présent et dans l'avenir, serait une statue du roi patriote, sous le règne duquel, au cours du nouveau siècle, la nation et l'empire connaîtront, s'il plaît à Dieu, une nouvelle naissance. .

LE PROGRÈS D'UN PEUPLE

Piccadilly cède la place à Market Street, puis à Victoria Street et à Deansgate, qui, bien qu'elle forme l'une des entrées de la cathédrale, ne porte pas le nom d'un dignitaire décanal mais d'un déné ou d'un doyen, c'est-à-dire d'un creux, autrefois en *pente* vers le confluent ici des rivières Irwell et Irk. Ici, au bord de ces rivières offensées, autrefois pleines de truites mais maintenant d'une noirceur stygienne, et coulant dans des tunnels et sous d'innombrables ponts, se trouve le cœur même de Manchester, dont la longue histoire contient peu de choses sur les agissements des rois et des reines, ou sur les manières romantiques. des seigneurs féodaux ; mais il contient un intérêt beaucoup plus romantique et humain : l'histoire de l'effort ascendant d'un peuple, à travers les hasards décourageants des siècles. Il n'est pas donné au voyageur occasionnel de percevoir cette romance, envisagée telle qu'elle est dans les banlieues sombres et crasseuses, ou dans la foule et l'agitation quotidiennes de la circulation centrale ; mais elle est néanmoins là, et je refuse, pour ma part, de traiter de Manchester en particulier, ou de la route en général, en termes simples de topographie ; car la route et les lieux vers lesquels elle mène englobent tous les intérêts et sympathies de l'humanité : le sang et les larmes, les joies et les peines des siècles.

II

L'ANCIENNE Manchester était centrée sur l'église paroissiale, ensuite collégiale, aujourd'hui la cathédrale, et sur le manoir qui est aujourd'hui l'hôpital de Chetham . C'est encore, bien que ses trottoirs soient bondés et bien qu'il soit voisin des grandes gares de Exchange et de Victoria, un lieu de rues étroites dont les noms singuliers seraient à eux seuls une preuve suffisante de l'antiquité, même si toutes les maisons y ont été reconstruites. Aucune autorité moderne ne donnerait à une artère le titre de « fossé suspendu » ou de « porte Smithy », mais tels sont les noms ici, avec Long Millgate, Hunt's Bank et Withy Grove. Des noms ruraux, pour la plupart, et vous chercheriez en vain le vieux moulin à eau de Millgate, et les withies ne poussent pas plus à Withy Grove que les noisetiers dans Hazel Grove que vous connaissez déjà.

LE BÂTIMENT DE MANCUNIUM.

[*D'après la fresque de Ford Madox Brown.*

Cet endroit où se dressent la cathédrale et l'hôpital, et où les rues étroites aux noms bizarres plongent et serpentent autour de coins inattendus, est en effet d'une très haute antiquité. Il y a mille huit cent trente ans, selon l'opinion généralement reçue, c'est-à-dire en 78 après J.-C. , les Romains, sous le règne d'Agricola, arrivèrent sur ce site, là où aujourd'hui la marée du Manchester moderne coule le plus fortement. Ils trouvèrent une falaise rocheuse rouge là où se trouve aujourd'hui Hunt's Bank, surplombant les rivières confluentes, et tout autour se trouvaient des forêts et des marécages, et sans aucun doute les ancêtres chenus de ces withies qui ont donné leur nom à Withy Grove à l'époque médiévale ultérieure . Le seul représentant aujourd'hui près de Manchester de ces anciens marécages abondants est Chat Moss, aujourd'hui une tourbière très négligeable, mais même si récemment, au début des chemins de fer, un phénomène formidable avec lequel il faut compter. Mais la corniche rocheuse surplombant Irk et Irwell n'était pas inoccupée. Une tribu de Bretons s'y était établie ; très solidement, sans aucun doute, contre des ennemis de leur calibre , mais lorsque les Romains arrivèrent et trouvèrent la situation souhaitable, leur journée fut finie.

MANCUNIUM

Aucun récit ne subsiste de la prise de ce camp palissadé des Britanniques. Nous ne savons rien de ce qui est arrivé aux aborigènes, et c'est une spéculation si lointaine que je suis sûr que personne dans le Manchester moderne n'a jamais réfléchi à la question un instant. Aucun historien romain n'a non plus raconté combien de grands soldats de l'Empire ont coulé sous le poids de leur armure et ont péri dans les marécages lors de la prise de ce qui aurait été conçu par le *Maencenion britannique* . Les Romains, à leur manière habituelle, latinisèrent le nom indigène du lieu, et ainsi, de ce qu'ils appelèrent *Mancunium* , naît, après de nombreux changements intermédiaires, « Manchester ».

Nous ne savons rien de tout cela, mais la construction de *Mancunium* est représentée de manière frappante dans la première de la série de fresques belles et intéressantes de Ford Madox Brown à l'hôtel de ville de Manchester, et avec une touche aussi certaine et concrète que bien qu'il ait été tiré d'une observation personnelle. C'était la voie préraphaélite. Sur la photo, vous voyez les esclaves travaillant sur les murs massifs entourant la ville romaine ; un centurion casqué sur la plus haute hauteur venteuse dirigeant leurs opérations. Je ne sais pas ce qui m'impressionne le plus, les plis de fonte de son manteau soufflé par le vent ou les muscles gigantesques de ses jambes nues, ressortant comme des rouleaux de penny. C'étaient un peuple formidable, les Romains, et le développement musculaire de leurs mollets était apparemment étonnant.

Les premiers « historiens » de Manchester ne se contentaient cependant pas d'une telle histoire et aimaient raconter des histoires merveilleuses : comment leur ville est née d'un géant, Sir Tarquin, dont la particularité était d'avoir un petit enfant. tous les matins au petit-déjeuner, tout comme un moderne prendrait de l'anchois sur du pain grillé. Finalement , il fut tué par Sir Lancelot de Lake, l'un des chevaliers du roi Arthur, sur quoi la population, soulagée de cet obstacle, commença à augmenter, et nous voici maintenant, après seize ou dix-sept siècles, une assemblée, y compris Salford, d'environ trois quarts de million d'âmes . Un ancien patron en bois sculpté au plafond de la salle de comité de l' hôpital de Chetham fait allusion à cette légende et montre une tête géante dévorant un nourrisson.

LE MANOIR

Et ainsi nous passons à l'époque normande, et à l'époque où la famille de Greslet, ou Gresley, acquit le manoir de Manchester de ce grand personnage, Roger de Poictou, à qui un manoir plus ou moins, dans tout le grand territoire du pays qui était le sien entre le Ribble et la Mersey, était une petite affaire. Pendant des siècles, les Gresley ont conservé leur propriété, qui leur a finalement été transmise par le mariage de Joan Gresley avec un membre de la famille West. Désormais, les West, anoblis sous le nom de Barons de la Warre, possédèrent les droits seigneuriaux de Manchester, jusqu'en 1579, date à laquelle ils les vendirent pour 3 000 £ à un certain John Lacy, qui à son tour, en 1596, les vendit à Nicholas Mosley, échevin de Londres. , avec un bénéfice de seulement 500 £. Après avoir détenu le manoir pendant deux cent quarante-cinq ans, la famille Mosley, en la personne de Sir Oswald Mosley, le vendit à la Corporation de Manchester nouvellement créée pour 200 000 £. C'était une somme énorme, mais Sir Oswald n'était guère sage dans sa génération.

Aussi étrange que cela puisse paraître dans un lieu d'apparence aussi moderne que Manchester, le vieux manoir des Gresley et des De la Warre survit encore au centre même de la grande ville. Il est, en effet, identique à la série de bâtiments occupés depuis longtemps comme l'hôpital et la bibliothèque de Chetham, attenants à la cathédrale, et voici l'histoire ultérieure de celui-ci.

Le dernier des Manchester De la Warres était un homme passionné par la vie religieuse. En 1373, il devint recteur de Manchester et, en 1422, refonda l'église paroissiale qui est aujourd'hui la cathédrale, la rendant collégiale et donnant sa salle baronniale, juste à côté, pour les besoins de son collège de prêtres. Cet établissement fut supprimé et désaffecté à l'époque d'Édouard VI, et les bâtiments du Collège furent concédés au comte de Derby, qui utilisa cette ancienne résidence seigneuriale comme maison de ville. Son successeur, sous le règne de la reine Elizabeth, a doté à nouveau le Collège, qui a de nouveau été supprimé à l'aube de l'ère du Commonwealth, lorsque l'église est devenue un lieu de réunion presbytérien.

C'est alors qu'Humphrey Chetham, le bienfaiteur le plus célèbre de Manchester, qui planifiait déjà la création d'une école gratuite, vit les bâtiments du Collège, vides et abandonnés, prêts à sa main. Il mourut en 1653 et ne vécut donc pas assez longtemps pour voir le début de son école ; mais par son testament de 1650, il avait nommé des administrateurs pour l'achat du Collège, et enfin, en 1658, son école du « Chetham's Hospital » fut ouverte. Il a ordonné que « vous, les garçons, vous apprendrez à lire, à écrire, à vous , et à toutes sortes d' ingéniosité », et sa volonté continue d'être observée au même endroit et dans les bâtiments identiques, à ce jour ; les érudits de Chetham portaient même le même costume pittoresque mais soigné qu'ils portaient lors de la fondation de l'institution : une veste et une culotte en tissu bleu foncé, avec des boutons argentés et une étrange petite casquette en forme de muffin.

LE HALL, L'ÉCOLE DE CHETHAM.

L'ÉCOLE DE CHETHAM

Les bâtiments de l'hôpital et de la bibliothèque souffrent terriblement, quant à leur extérieur, de l'atmosphère enfumée, mais les divers intérieurs sont merveilleusement intéressants, intrinsèquement, et en outre en raison de leur situation dans des circonstances telles que celles d'une gigantesque ville commerciale où des bâtiments cloîtrés, raisonnablement attendus à l'époque. Oxford ou Cambridge, ne sont pas recherchés. L'ensemble de bâtiments a survécu à trois utilisations : comme manoir de l'époque baronniale ; comme foyer d'une fraternité religieuse; et pendant deux cent cinquante ans comme école. L'ancien hospitium , ou maison d'hôtes, est le dortoir des garçons, où une centaine de petits lits soignés sont visibles dans de longues perspectives ; l'ancienne cuisine qui fournissait des dîners curieux et souvent désagréables aux anciens seigneurs du lieu et approvisionnait les prêtres du Collège avec leurs repas pas trop claustraux — hormis, bien honteusement, leur abstinente nourriture de poisson du vendredi — sont toujours en usage et répandent vers midi les parfums les plus appétissants ; et le réfectoire est maintenant en partie la résidence du gouverneur ; tandis que la salle baronniale, où de la Warres tenait son état très considérable, est aujourd'hui la salle à manger. C'est un appartement noble que cette salle ancienne, avec ses murs en maçonnerie épaisse, ses fenêtres gothiques et son toit à colombages. Un buste de Chetham est placé sur le mur au-dessus de ce qui était autrefois une cheminée remplaçant l'ancien foyer central ou brasero au milieu de la salle. L'éclairage électrique remplace les anciennes méthodes d'éclairage et révèle partout avec un bel effet des boiseries anciennes , des appareils peints et des tableaux. Au fil des allées du cloître, dans ce qui était à l'époque de l'établissement collégial le dortoir des prêtres, la bibliothèque de Chetham est abritée dans d'anciennes presses qui ressemblent beaucoup à celles de la Bodleian d'Oxford et de la bibliothèque universitaire de Cambridge. Ce qui était autrefois la salle du directeur de l'établissement sacerdotal est aujourd'hui la salle de lecture. Lire des livres savants, s'engager dans la poursuite de connaissances curieuses dans la salle de lecture de la bibliothèque de Chetham est certainement un merveilleux privilège, car dans cette pièce exquise, richement lambrissée de chêne, avec du plâtre rayé noir et blanc et un toit à colombages, et avec des peintures murales magnifiquement colorées et dorées, le célèbre Dr Dee, directeur du Collège à l'époque élisabéthaine, a diverti entre autres Sir Walter Raleigh ; et a sans aucun doute regardé son globe de cristal mystique ici, au nom de son invité, pour voir ce que l'avenir réservait à ce courtisan, guerrier, explorateur et aventurier. Ne révélait-il rien de cette sinistre cellule de la Tour où ce malheureux devait passer des années de captivité ? N'y avait-il pas d'ombres hostiles qui montaient et descendaient dans ce cristal, pour l'avertir que Tower Hill et la hache du chef allaient lui couper le fil ?

Si les associations historiques suffisaient à donner naissance à une écriture éloquente, alors ce qui est aujourd'hui la salle de lecture devrait être le parent d'une grande partie de la littérature ; mais l'étudiant qui vient ici aura l'endroit pour lui tout seul, à l'exception des groupes occasionnels de visiteurs bouche bée conduits par un écolier de Chetham , car la bibliothèque de Chetham est plutôt riche en tomes en lettres noires et en ouvrages dont la recherche se nourrit de graisse, que dans la littérature actuelle. On ne souhaiterait pas que cette réclusion cloîtrale soit modifiée. Trouver à Manchester, dont chaque rue bouillonne de vie, un coin pas encore occupé, un endroit où l'on peut entendre le tic-tac d'une horloge, est trop délicieux pour qu'on y renonce. Il n'y a, en effet, qu'un seul autre endroit à Manchester où règnent à peu près les mêmes conditions, et c'est le grand bâtiment somptueux de la bibliothèque Ryland, où se trouvent des livres, manuscrits et reliures d'une rareté inestimable.

La cathédrale de Manchester jouxte l'hôpital de Chetham . Aussi cathédrale qu'elle soit aujourd'hui, en vertu de la création de l'évêché moderne de Manchester, le bâtiment n'est qu'une église paroissiale glorifiée, et aucun des nombreux ajouts qui y ont été apportés ces dernières années ne suffit à lui donner autre chose. Cela reste, pour ainsi dire, un élément accessoire et non essentiel de la grande ville.

Je suppose que – l'intense rivalité entre Manchester et Liverpool étant une chose avec laquelle il faut compter dans de nombreux domaines – Manchester ne se contentera pas longtemps de cette situation, d'autant plus qu'il est devenu connu que la nouvelle cathédrale de Liverpool, qui s'élève maintenant de ses fondations , est de surpasser tous les autres en termes de taille. L'étranger à Manchester n'imaginerait certainement jamais que l'église qu'il aperçoit, immédiatement à l'extérieur de la gare d'Exchange, était de rang cathédrale ; et en fait , il n'en est ainsi qu'en raison d'arrangements ecclésiastiques modernes, rendus opportuns par la croissance des grandes communautés industrielles modernes.

CATHÉDRALE DE MANCHESTER, DE DEANSGATE

SIÈGE DE MISERERE, CATHÉDRALE DE MANCHESTER : LE COLPORTEUR ET LES SINGES.

Manchester appartenait au diocèse de Lichfield jusqu'en 1541, date à laquelle il fut transféré à Chester ; mais depuis 1847, c'est un siège indépendant. Les habitants de Manchester ont eu largement suffisamment de temps pour prendre conscience de cette dignité supplémentaire, mais l'étranger ne parvient pas du tout à assimiler l'idée, et bien qu'il perçoive l' évêque comme étant à part entière – sauf qu'il n'est un « Seigneur » évêque que par élection – il ne peut s'empêcher de le faire. observant que sa cathédrale n'est qu'une suffragante. Ce serait un bâtiment imposant dans un endroit plus petit, mais ici il est éclipsé par les gares voisines et les imposants entrepôts. Cela ressemble, comme je l'ai déjà remarqué, à une église paroissiale, et à une église paroissiale très noire aussi. Il est principalement de style gothique perpendiculaire, mais peu de choses à l'extérieur sont vraiment anciennes, la tour ayant été reconstruite en 1868 et de nombreux éléments ajoutés depuis. La beauté de l'église est principalement intérieure. L'intérieur est sombre, mais la nef, avec ses hautes colonnes élancées de grès rouge, est particulièrement gracieuse. Ce n'est pas le lieu pour une histoire architecturale de la structure, mais au moins les anciens sièges de miserere sculptés peuvent être mentionnés, d'autant plus qu'ils sont parmi les plus beaux du pays, pour leur savoir-faire et leur fécondité d'invention. Semblables – et pourtant combien différentes ! – aux publicités illustrées d'un médicament breveté dont nous ne nommerons pas ici, « chaque image raconte une histoire », et beaucoup de divertissement peut être dérivé de ces dessins étrangement humoristiques. Les trois jambes de l'homme, représentées sur l'une d'entre elles, font allusion au lien entre les Stanley, comtes de Derby (qui étaient les rois de Man), et la « vieille église », comme les hommes de Manchester appellent encore affectueusement la cathédrale. Un éléphant avec un château sur le dos est visible sur un autre, mais les pattes de l'éléphant sont articulées comme celles d'un cheval, et visiblement le concepteur connaissait peu la structure des éléphants. Un autre sujet est celui du renard s'en allant avec une oie. Deux autres présentent les sports jumeaux de la chasse aux taureaux et aux ours. Un exemple très humoristique montre un colporteur , endormi en chemin, volé par des singes, qui sort de son sac les bibelots et les vêtements et les essaie, tandis qu'un autre est occupé à chercher dans ses cheveux le jeu habituel que les singes dans le jardin zoologique, on peut l'observer à tout moment en train de chercher. Une autre sculpture très élaborée représente une truie jouant de la cornemuse et un groupe de petits cochons dansant au son de la musique. Un pèlerin en train de boire et laissant tomber accidentellement la cruche, est une scène malheureusement mutilée. Une partie de backgammon dans une auberge ; l'exécution du renard par les hiboux et les freux ; la vengeance du lièvre, où l'on voit le lièvre rôtir le chasseur à la broche ; et une scène de chasse au cerf complète le décor. Dans ce dernier, la chasse est représentée comme terminée, ou « terminée » ; et est probablement destiné à être un jeu de mots sur le nom du premier directeur du Collège, Huntingdon.

III

L' histoire de Manchester est avant tout l'histoire des industries textiles. Il y avait une filature pour la fabrication de draps de laine à Manchester dès l'époque d'Édouard II, et sous le règne suivant, une colonie de tisserands flamands augmenta encore le commerce. Sous le règne d' Henri VIII, Manchester était décrite comme « la région la plus riche , la mieux bâtie , la plus rapide et la plus peuplée de tout le Lancastershire », et « bien habitée, distinguée pour le commerce, tant du linge que de la laine » ; mais l'industrie cotonnière, introduite à la fin du seizième siècle, ne devint une grande chose que deux cents ans plus tard.

GUERRES ET TUMULTES

Entre- temps, l'histoire s'est déroulée. Au début des guerres cromwelliennes, Manchester déclara le Parlement et les royalistes assiégèrent à deux reprises, sans succès, ce qui était alors la ville fortifiée. Mais ce n'étaient que des incidents passagers. Partout en Angleterre à cette époque, des hommes à la tête courte, au visage aigre et aux vêtements sombres faisaient la guerre aux hommes annelés au visage joyeux et à la conversation impie, portant des vêtements aux coupes et aux couleurs extravagantes . Les uns se battaient pour le Parlement, les autres pour le Roi, mais la querelle était en réalité plus profonde que cela. C'était un conflit d'idéaux. Mais ils se sont battus ailleurs avec plus de férocité et de dépenses de sang, et Manchester a continué du mieux qu'elle a pu remplir sa fonction fatale de fournir du linge à tous les pieux et impies, qu'ils soient royalistes ou républicains, qui avaient les moyens d'en acheter.

Une fois de plus , Manchester allait connaître quelque chose de guerre, car le prince Charles et ses Highlanders arrivèrent en novembre 1745. Les sympathies de la ville étaient en grande partie pour lui, les cloches de « l' église actuelle » sonnèrent et une grande illumination illumina les rues. — comme on entendait alors les grandes illuminations : la Market Street moderne, avec ses boutiques éclairées le soir, réduirait probablement cette illumination à un triste scintillement. Trois cents hommes de Manchester marchèrent vers le sud avec le prince Charlie, sous le commandement du colonel Townley. Au bout d'une semaine, ils repartirent, et lorsqu'ils revinrent à Manchester, ils trouvèrent que le sentiment local avait tristement changé : la foule harcelait leurs arrières lors de la retraite vers Preston. Le colonel Townley et certains de ses hommes malheureux ont été pendus à Kennington Common.

y étaient amenées et expédiées dans les temps anciens, peut être vu dans la description d'Aikin en 1795 :

« Lorsque le commerce de Manchester commença à se développer, les chapmen gardaient des bandes de chevaux de trait et les accompagnaient dans les principales villes avec des marchandises en paquets, qu'ils ouvraient et vendaient aux commerçants, hébergeant les invendus dans les petits magasins des auberges. Les chevaux de trait rapportaient de la laine de mouton, achetée pendant le voyage et vendue aux fabricants de fils peignés de Manchester, ou aux drapiers de Rochdale, de Saddleworth et du West Riding of Yorkshire. Lors de l'amélioration des routes à péage, des chariots ont été installés et les chevaux de bât ont été supprimés ; et les serviteurs ne sortaient que pour commander, emportant avec eux des modèles dans leurs sacs. C'est durant les quarante années 1730 à 1770 que le commerce fut grandement poussé par la pratique d'envoyer ces cavaliers dans tout le royaume.

Une telle entreprise n'aurait pas été possible à une période antérieure, car les routes à autoroute entourant Manchester ne datent que de 1750 : la plus ancienne était l'autoroute à péage Preston-Lancaster, construite en vertu de la loi de cette année-là. Des péages furent imposés sur le tronçon Preston à Garstang jusqu'au 1er février 1875, et sur le tronçon Garstang à Lancaster jusqu'au 1er novembre 1882. La sortie de Manchester, vers Bolton, fut fermée en 1752 et les péages cessèrent d'être prise le 1er novembre 1871.

PAS DE ROUTES : ANCIENNES ROUTES

Du XVIe au milieu du XVIIIe siècle, les routes du Lancashire étaient moins des routes que des chemins boueux, très étroits et pleins d'ornières, de boue et d'eau. Même la route principale menant à l'Écosse n'était pas meilleure, et n'avait alors que peu besoin de l'être, car les véhicules à roues étaient presque entièrement inconnus. Les chevaux de bât, comme nous l'avons vu, transportaient toutes les marchandises envoyées, mais à toutes fins pratiques, la plupart des communautés étaient autonomes. Leurs besoins étaient peu nombreux et simples, et étaient facilement satisfaits par leurs propres ressources ; tandis que les personnes obligées de voyager se déplaçaient à cheval ; seuls ceux qui sont robustes et en bonne santé peuvent entreprendre de tels voyages, et sont heureux, au milieu des difficultés du chemin, de trouver çà et là un tronçon de chemin grossièrement pavé de dalles grossières de meules locales.

Mais si les chemins étaient incroyablement sales, les auberges à la fin de chaque journée de voyage contribuaient en quelque sorte à récompenser le cavalier fatigué de son travail. Les auberges du Lancashire étaient alors, selon Holinshead, écrivant en 1577, exceptionnellement bonnes, chaque invité étant « sûr de dormir dans des draps propres où aucun homme n'a logé ». Évidemment, les aubergistes cherchaient à tirer profit des « divertissements

» qu'ils fournissaient aux hommes et aux bêtes, car le lit du cavalier ne lui coûtait rien, mais « s'il va à pied , il a un sou à payer ». De simples pubs, du type de débits de boissons, n'étaient pas tolérés à Manchester et à Preston ; car à Manchester, il était interdit de brasser ou de vendre de la bière à moins que le brasseur ou le vendeur ne puisse faire « deux honnêtes beddis », tandis que Preston était encore plus strict : un logement pour quatre hommes et quatre chevaux étant le minimum irréductible.

L'ancienne auberge "Seven Stars" à Withy Grove est suffisamment ancienne pour être soumise à cette ordonnance, qui a dû affecter également la vieille maison pittoresque appelée aujourd'hui "Wellington", sur la place du marché, et la plus pittoresque "Bull's Head", » à Greengate, Salford.

Avec la croissance du commerce évoquée par Aikin, entre 1730 et 1770, les intérêts de Manchester englobèrent l'ensemble du royaume, et son commerce fut grandement aidé par la demande croissante de bonnes routes, non seulement ici, mais généralement dans tout le pays. le pays. Les améliorations routières, rendues possibles par les Turnpike Acts, commencèrent à être fréquentes à partir de 1710 environ, et furent très nombreuses et importantes entre 1730 et 1770, lorsque 420 lois furent adoptées. À cette époque, les affaires devinrent si lourdes que les chevaux de bât ne suffirent plus à transporter le volume croissant des marchandises, et les chariots furent de plus en plus utilisés ; tandis que la presse des affaires était telle que les directeurs jugeaient nécessaire de se rendre à Londres et dans d'autres centres à des intervalles plus fréquents. C'est ainsi que fut créée la Manchester and London Flying Coach, en 1754.

LES DÉBUTS DE L'EXPORTATION

En 1760 commença l'exportation des produits en coton ; car, avec la première tentative d'application des machines au tissage, la production avait augmenté au-delà de la consommation possible du pays. La première amélioration par rapport à la forme primitive du tissage sur métier à main fut l'invention de la navette volante, en 1738. Cet appareil doubla les pouvoirs du tisserand ; mais elle fut suivie en 1768 par l'invention du « spinning-jenny » par James Hargreaves, qui multiplia par huit la production.

LA « TÊTE DE TAUREAU », SALFORD.

La population de Manchester et de Salford atteignait alors près de 40 000 habitants, et les besoins locaux avaient augmenté dans la même mesure. Mais malgré tout, bien que beaucoup ait été fait pour améliorer les routes dans tout le pays et dans le Lancashire, celles qui entourent immédiatement Manchester étaient encore si mauvaises en 1760 que, même si le charbon était extrait à Worsley, à moins de dix milles de là, il ne pouvait pas être acheminé vers le pays. la ville par moyen de transport à roues, mais devait être transportée par de longues lignes de chevaux de trait, en charges de 280 livres. Le charbon était bon marché à l'embouchure de la mine - généralement 10 jours . le chargement, mais le transport coûte, en règle générale, un shilling de plus.

Les inventions n'éclatent pas dans un monde qui n'en a pas ressenti le besoin. Le besoin n'a peut-être été qu'aveuglément ressenti, mais les nécessités des âges ont néanmoins été satisfaites au fur et à mesure qu'elles se présentaient. En cela, presque plus qu'en toute autre chose, l'homme pensant voit un schéma d'existence ordonné que, dans d'autres directions, les brutalités et les injustices d'un monde imparfait semblent nier.

LE CANAL BRIDGEWATER

À cette époque, la consommation de charbon augmentait si vite à Manchester, et les difficultés de commercialisation étaient si grandes que le riche duc de Bridgewater, propriétaire des mines de Worsley, conçut l'idée de s'enrichir encore davantage, et à la même époque. en aidant en même temps la croissance de Manchester, en construisant un canal depuis Worsley, par lequel le charbon pourrait être transporté à moindre coût et rapidement. Il était nécessaire d'obtenir le soutien de la population de Manchester avant de pouvoir présenter un projet de loi au Parlement à cet effet, et il s'engagea en conséquence, si le canal était construit, à vendre son charbon à 4 jours . pour cent en ville, soit moins de la moitié du prix habituel, ou de ne pas facturer plus d'une demi-couronne par tonne de fret. Le projet de loi fut présenté et adopté en 1759, sans opposition, et en juillet 1761, le canal était ouvert. Ce premier tronçon de ce qui devint finalement le grand canal de Bridgewater, étendu jusqu'à Runcorn en 1773, fut le premier pas vers la création du Manchester moderne et ne fut rendu possible que grâce au génie simple de James Brindley, l'ingénieur autodidacte, dont les travaux étaient à juste titre considérées comme des merveilles à leur époque. Il a conçu et créé tous les dispositifs nouveaux et ingénieux qui caractérisaient l'entreprise, et a tout fait avec un salaire ne dépassant pas une guinée par semaine, un taux de salaire qu'il a continué à recevoir pendant des années de labeur incessant, jusqu'à sa mort. Les canaux rapportèrent enfin au duc un revenu de 80 000 £ par an, mais à la mort prématurée de Brindley en 1776, l'avare pair lui devait quelques centaines de livres, à titre de salaire, qu'il était si incroyablement mesquin qu'il ne payait pas.

Cette entreprise était remarquable au-delà des difficultés techniques surmontées. Plusieurs canaux avaient déjà été creusés dans diverses parties du pays en approfondissant et en redressant les lits des ruisseaux et des rivières, et le premier canal maritime fut celui construit en 1566, sur l'Exe, de Topsham à Exeter ; mais le canal de Bridgewater fut le premier à être creusé en terre sèche. Son extension à travers le pays, jusqu'à la Mersey à Runcorn, fut entreprise dans le but de réduire et d'accélérer le trafic du coton brut et manufacturé et d'autres marchandises, entre Manchester et Liverpool, et fut ainsi le précurseur, d'ici cent vingt ans, du Manchester Ship Canal, qui vise à faire de Manchester un port totalement indépendant de son grand voisin maritime .

Le dernier quart du XVIIIe siècle constitue un grand tournant dans l'histoire de Manchester. Une invention en succéda rapidement à une autre ; la plupart d'entre eux par des hommes locaux, car parmi les gens à l'esprit fou du Lancashire, il y a toujours eu beaucoup de génie mécanique. Au moment où Hargreaves planifiait sa machine à filer, un autre perfectionnait une machine similaire. Il s'agissait de Richard Arkwright, de Preston, le plus jeune d'une famille pauvre de treize enfants, né en 1732 et qui commença sa vie comme barbier et marchand de cheveux à Bolton. En 1768, sa machine à filer le coton, qui effectuait le travail de seize ou vingt hommes, fut installée à

Preston et, en 1707, fut brevetée. Sa première filature fut érigée à Cromford, Derbyshire, en 1771, et connut un franc succès. En 1786, il fut fait chevalier et mourut en 1792, laissant une fortune de près d'un demi-million de livres sterling.

L'inconstance et la caprice de la fortune sont proverbiales, mais nulle part ailleurs elles ne sont aussi marquées que dans les luttes des inventeurs. En 1779, onze ans après qu'Arkwright eut installé sa machine à filer, Samuel Crompton, de Hall- i '- th '-Wood, près de Bolton, inventa l'hybride « Spinning Mule », combinant les caractéristiques utiles des machines de Hargreaves et d'Arkwright. . C'était un homme exceptionnellement pauvre et gagnait en partie sa vie en jouant du violon au théâtre Bolton.

LE SYSTÈME D'USINE

Le métier à tisser mécanique de Cartwright, inventé en 1785, constitua un grand pas en avant et le gouvernement lui accorda en 1809 10 000 £, en reconnaissance de son utilité pour le progrès du commerce. L'année même qui vit l'invention de Cartwright, la vapeur fut pour la première fois employée dans le tissage, par Boulton et Watt, et l'histoire de l'industrie cotonnière fut, depuis ce jour, une longue histoire d'améliorations, jusqu'à ce qu'aujourd'hui les usines soient équipées des plus belles et des dispositifs compliqués – le résultat de cent soixante-dix ans d'invention – qui semblent eux-mêmes presque sensibles et compréhensifs.

IV

CETTE longue succession d'améliorations mécaniques apporta une immense richesse aux fabricants et contribua à renforcer le crédit de l'Angleterre au cours des années épuisantes de la rébellion américaine et des guerres continentales incessantes ; mais cela a apporté le fléau originel du système d'usine, qui a remplacé la filature autrefois pratiquée dans les maisons de campagne. L'industrie s'est développée dans des ateliers surpeuplés, les bidonvilles ont vu le jour et le travail des enfants sous-payés, surmenés et cruellement traités. caractérisé les jours précédant l'adoption des Factory Acts.

Un distingué Espagnol, Don Manuel Alvarez Espriella , visitant l'Angleterre en 1807 et venant à Manchester, fut véritablement horrifié par ce qu'il vit ici. Il lui semblait qu'« un endroit plus dépourvu de tous objets intéressants que Manchester ne serait pas facile à concevoir. En taille et en population , c'est la deuxième ville du royaume, contenant environ quatre-vingt mille habitants. Imaginez cette multitude serrée dans les rues étroites, les maisons toutes bâties en brique et noircies par la fumée ; de fréquents édifices, grands comme des couvents, sans leur antiquité, sans leur beauté, sans leur sainteté ; où l'on entend de l'intérieur le vacarme éternel des machines ; et où, quand la cloche sonne, c'est pour appeler les misérables à leur travail au lieu de leurs prières. Ici, vous percevez le conflit d'idéaux entre un pays dominé par les prêtres et une terre de commerce : le récit du chapelet étant prééminent dans l'un, et le comptage de l'or également important dans l'autre.

Espriella et ses compagnons ont vu tous les sites touristiques. On les conduisit dans l'une des grandes manufactures de coton et on leur montra un certain nombre d'enfants qui y travaillaient, le guide s'attardant avec satisfaction et délice sur le bien infini résultant de l'emploi d'enfants à un âge si précoce. « J'ai écouté, dit notre voyageur horrifié , sans le contredire, car qui élèverait la voix contre Diane à Éphèse ! et il est parti « avec un sentiment au cœur qui me fait remercier Dieu de ne pas être Anglais ».

« Il y a, continue-t-il, un arbuste dans quelques îles des Indes orientales que les Français appellent *veloutier* ; il exhale une odeur qui est agréable à distance, qui le devient moins à mesure qu'on s'en rapproche, et qui, lorsqu'on s'en approche, est insupportablement répugnante. Alciatus lui-même n'aurait pas pu imaginer un emblème plus approprié à la prospérité commerciale de l'Angleterre.

TRAVAIL DES ENFANTS

« Le guide faisait remarquer que rien ne pouvait être plus bénéfique à un pays que l'industrie manufacturière. « Vous voyez ces enfants, monsieur, dit-il. « Dans la plupart des régions d'Angleterre, les enfants pauvres sont un fardeau pour leurs parents et pour la paroisse ; ici la paroisse, qui autrement aurait à les entretenir, est débarrassée de toute dépense ; ils obtiennent leur pain presque aussitôt qu'ils peuvent courir et, vers l'âge de sept ou huit ans, ils rapportent de l'argent. Il n'y a pas de paresse parmi nous : ils arrivent à cinq heures du matin ; nous leur accordons une demi-heure pour le petit déjeuner et une heure pour le dîner ; ils quittent le travail à six heures, et une autre équipe les relève pour la nuit ; les roues ne restent jamais immobiles.

« Je regardais, pendant qu'il parlait, la dextérité contre nature avec laquelle les doigts de ces petites créatures jouaient dans la machinerie, moi-même à moitié étourdi par le bruit et le mouvement sans fin ; et quand il m'a dit qu'il n'y avait pas de repos dans ces murs, de jour comme de nuit, j'ai pensé que si Dante avait peuplé d'enfants un de ses enfers, c'était là une scène digne de lui avoir fourni de nouvelles images de tourment.

« Ces enfants, dis-je, n'ont donc pas le temps de recevoir une instruction. »

« C'est, monsieur, répondit-il, le mal que nous avons trouvé. Les filles sont employées ici depuis l'âge que vous voyez jusqu'à leur mariage, et alors elles ne savent rien des travaux domestiques, pas même comment raccommoder un bas ou faire bouillir une pomme de terre. Mais nous y remédions maintenant et envoyons les enfants à l'école pendant une heure après avoir travaillé.

« J'ai demandé si tant de confinement ne nuisait pas à leur santé.

« 'Non', a-t-il répondu, 'ils sont en aussi bonne santé que n'importe quel enfant dans le monde. Certes, beaucoup d'entre eux, en grandissant, se laissent aller à la consommation, mais la consommation est la maladie des Anglais.

Il ne s'agissait pas simplement d'un état de choses temporaire, mais d'un mal apparu avec le système industriel et qui s'est accru régulièrement avec sa croissance. Cela ne se limitait pas non plus à un district particulier. Non seulement dans le Lancashire, mais partout où les moulins et les usines étaient en activité, les scandales du travail des enfants dégoûtèrent les Anglais qui n'étaient pas propriétaires de moulins, et surprirent et horrifièrent les étrangers, qui voyaient en même temps l'Angleterre proposer de libérer les esclaves noirs et autoriser l'esclavage des blancs, presque aussi grossier, dans « le pays de la liberté »

PRATIQUES CRUELLES

Les choses qu'Espriella a vues en 1807 étaient celles, infiniment aggravées par l'extension du système des usines, qui prévalaient en 1832, lorsque le scandale prit de telles proportions que des pétitions furent présentées au Parlement de toutes les classes, priant pour qu'une législation soit adoptée. pour y mettre fin. Ce mouvement aboutit à une Commission d'Usine qui révéla bien des choses insoupçonnées. Non seulement les propriétaires d'usines étaient coupables de faire travailler leurs misérables mains d'enfants pendant des heures presque incroyables, dans les conditions les plus épouvantables ; mais les parents, qui vendaient pratiquement leurs enfants pour cet esclavage, étaient également coupables qu'eux.

Le rapport de la Commission des Usines est une affaire volumineuse de plusieurs centaines de pages in-folio. Beaucoup de ces pages de témoignages recueillis sous serment révèlent des idées curieusement différentes sur ce qui constitue une punition cruelle ou des heures de travail excessives pour les enfants. Par exemple, une enfant de dix ans employée à Wigan a été punie pour son retard à l'usine, comme beaucoup d'autres, en étant forcée de travailler avec une corde autour du cou, à laquelle était attachée une corde de 20 livres. le poids était attaché. Il y avait ceux qui ne considéraient pas cela comme quelque chose d'inhabituel et déclaraient que les enfants ainsi punis n'y prêtaient pas attention. On ne peut que s'étonner qu'ils n'en disent pas plus, et insister sur le fait que les victimes ont plutôt apprécié ce supplice. Mary Hooton, la mère de la jeune fille, a reconnu avoir dit au surveillant de la battre.

Humphrey Dyson, témoignant sur les pratiques d'une usine à Manchester, a déclaré que le surveillant avait fabriqué un fouet à partir d'un morceau de cuir d'environ trois pouces de large et environ un demi-mètre de long, et qu'il avait coupé les doigts au bout. Celui-ci était placé dans un manche en bois avec un crochet en laiton. Avec cet instrument de torture , le surveillant « punissait » les enfants à sa discrétion. Dans de nombreux cas, des mères, supérieures au type Mary Hooton, sont venues les emporter et les détruire, mais le surveillant en a fabriqué d'autres.

Les salaires de ces enfants qui travaillaient, semblait-il, variaient entre un shilling et six pence à quatre shillings par semaine, et voici, selon un discours prononcé à la Chambre des communes, les conditions dans lesquelles ces maigres salaires étaient gagnés :

« Voici les heures de travail imposées aux enfants et aux adolescents. Lundi matin, commencez le travail à six heures : à neuf heures, une demi-heure pour le petit déjeuner ; recommencez à neuf heures et demie et travaillez jusqu'à midi. Dîner, une heure ; travailler de 13h à 16h30. Boire (repas de l'après-midi), une demi-heure ; travaillez de cinq à huit heures; repos, une demi-heure ; travailler de huit heures et demie à minuit ; une heure de repos.

Une heure du matin jusqu'à cinq heures, travail ; une demi-heure de repos ; travail, de cinq heures et demie à neuf heures ; petit-déjeuner, une demi-heure ; travail, de neuf heures et demie à midi. Dîner, une heure. Au travail, une heure jusqu'à quatre heures et demie. Boire, de quatre heures et demie à cinq heures. Travaillez de nouveau de cinq à neuf heures le mardi soir, lorsque la bande d'esclaves adultes et enfants est renvoyée pour la nuit, après avoir travaillé trente-neuf heures, avec neuf intervalles pour se rafraîchir, mais aucun pour se coucher.

« Le mercredi et le jeudi étaient consacrés uniquement au travail de jour. Du vendredi matin au samedi soir, le même travail que celui du lundi et du mardi se répétait.

MANCHESTER, IL Y A UN SIÈCLE

Les propriétaires d'usines, bien sûr, se sont sentis indignés lorsque le Parlement a adopté la première loi sur les usines, ainsi que lorsque la loi des dix heures de 1847 et les lois ultérieures, destinées à mettre fin au scandale des femmes envoyées dans la clandestinité pour travailler et à sauver les enfants. des conditions à peine moins horribles que celles de l'esclavage des nègres, était en discussion, Bright et Cobden ont qualifié les propositions de « harcèlement des fabricants » et de « coup porté à la liberté ».

V

MANCHESTER était un lieu particulièrement sinistre au début du XIXe siècle. Ce n'était plus un village pittoresque et envahi par la végétation, mais il prenait l'aspect ancien et plus menaçant d'une ville industrielle. Bien sûr, comparé à la ville en expansion d'aujourd'hui, c'était un petit endroit, et la campagne environnante se rapprochait de son centre , et on dit qu'elle n'était pas déplaisante. Mais le labeur et l'effort n'étaient alors soulagés par aucune grâce urbaine. Il n'y avait pas de « société » à Manchester, mais il y avait beaucoup de mécontentement et les communs courts étaient alors la règle. Manchester était considérée, en ces jours de dépression, après la fin des grandes guerres continentales, comme un endroit dangereux ; et ici, en effet, est né le radicalisme, de l'injustice et de la faim. "Manchester! Votre Altesse Royale, s'écria avec horreur le exigeant Beau Brummell au prince régent , ne pensez qu'à Manchester ! quand son régiment y reçut l'ordre. Il s'est enfui rapidement et a quitté l'armée, plutôt que d'être banni dans un endroit sombre où le bon ensemble de cravate était inconnu et n'était pas considéré comme particulièrement digne d'être connu.

Manchester, en tant que centre industriel, a, comme d'autres grandes villes dans une situation similaire, toujours ressenti vivement les vicissitudes de la prospérité nationale et, avec les villes et les districts environnants du Lancashire, a toujours surfé sur la crête des vagues d'expansion commerciale. , ou se vautrer dans les profondeurs de sa dépression. Il n'y a peut-être aucune autre grande ville, ni aucun autre comté que le Lancashire, en Angleterre, qui ressente avec autant de certitude la lueur chaleureuse des bons moments, ou le froid glacial des mauvais moments ; causée par des influences presque totalement indépendantes de tout contrôle.

AGITATION POLITIQUE

Les années qui suivirent immédiatement Waterloo et la fin des grandes et longues guerres contre Napoléon furent des années difficiles dans le Lancashire en particulier et en Angleterre en général, et le mécontentement était répandu. Le prix du pain était élevé, l'emploi était rare et menacé par l'introduction continue de machines permettant d'économiser du travail . Les perspectives de toutes les classes salariales étaient très sombres, et la situation a été encore aggravée par les agitateurs, qui ont très rapidement donné une teinte politique à la crise économique. C'était l'époque d'avant la Réforme, où tout le pouvoir politique était franchement détenu par les classes sociales et les riches. Les gens n'étaient pas affranchis et les orateurs de la foule leur ont appris que c'était là que réside le secret des maladies et des handicaps dont ils souffraient. Posséder le droit de vote était présenté comme un idéal qui, une fois atteint, serait la solution à tous les griefs. Il n'a probablement pas été déclaré en termes si explicites que l'émancipation entraînerait davantage de travail et un meilleur salaire, ni que le droit de vote permettrait aux ouvriers de voter contre l'emploi des machines permettant d'économiser le travail qu'ils redoutaient ; mais tant de choses étaient sous-entendues. Des émeutes, plus ou moins graves, éclatèrent sporadiquement, dans tout le pays, où la population mourait presque de faim ; car, parallèlement à la pénurie d'emplois, le prix du pain était excessivement élevé, par suite d'une succession de mauvaises récoltes faisant monter le prix du blé à un chiffre sans précédent. Le gouvernement finit par s'inquiéter sérieusement des troubles. Il y avait eu des émeutes destructrices en 1816, à Spitalfields, lorsqu'une foule de 30 000 personnes avait pénétré par effraction dans des magasins et des maisons, incendié et pillé. Nottingham, Preston, Bury et bien d'autres endroits étaient des théâtres de domination de la foule. En 1818, les ouvriers de Manchester avaient brisé les vitres de l'usine et durent être dispersés par les dragons ; et la même année, il y eut des émeutes à Barnsley. L'année 1819 s'ouvrit avec le démagogue « Orator Hunt », battu par des hussards au théâtre de Manchester, où, disait-on, il avait sifflé « God Save the King » ; et on déclara que les turbulents réformateurs de Glasgow se proposaient de marcher sur Londres. Au même moment, une réunion réformiste tenue à Birmingham fut dispersée, un agent de police étant abattu par des ouvriers qui s'efforçaient de sauver l'un des orateurs arrêtés.

Il faut admettre que les cours n'étaient pas conciliants. Leurs représentants en haut lieu méprisaient les masses en les qualifiant de « multitude porcine » et ne proposaient aucun changement politique.

Pourtant, les méthodes des dirigeants de la foule étaient extrêmement provocatrices et alarmantes. Quoi qu'ils fussent ou non, Hunt et Bamford, esprits dirigeants parmi les réformateurs, étaient des hommes intelligents et auraient dû être capables de prévoir l'effet probable que l'exercice de la multitude aurait sur le gouvernement. Il était très juste de soutenir que les exercices qui se déroulaient la nuit avaient simplement pour but de permettre à de grands groupes d'hommes de marcher dans l'ordre vers et depuis les réunions de masse. Les dirigeants étaient des radicaux philosophiques et n'envisageaient pas un seul instant la force, et leurs partisans étaient en général du même avis ; mais nous pouvons facilement comprendre l'esprit des gouvernements, qui eux-mêmes n'emploient l'entraînement que dans un seul but : celui de réduire la force brute à une forme scientifique de défense et d'attaque ; et sans doute ces exercices, même sans armes, étaient alarmants, car qui pouvait dire d'où l'on ne pouvait pas se procurer d'armes à un moment donné. En bref, l'administration imaginait le pays au bord de la révolution :

chose qui n'était pas si improbable lorsque les réunions étaient égayées par des banderoles portant les inscriptions « Parlements annuels », « Suffrage universel » et « Pas de lois sur le maïs » ; et quand cet emblème offensant, un bonnet de la liberté, porté sur un poteau, était proéminent. Les autorités se voyaient face à une tentative organisée de subversion de la Constitution et, dans cette conviction, il leur incombait d'être sur leurs gardes.

« Orator Hunt » et Samuel Bamford, qui avait déjà été arrêté en 1817 pour haute trahison en relation avec le mouvement réformé, participèrent activement à l'agitation de 1819. Ils avaient entraîné des milliers d'hommes à se préparer à une messe pacifique. réunion qui se tiendra dans le petit espace ouvert alors appelé « St. Peter's Field », au bout de Mosley Street, à Manchester, le 16 août, et toute la campagne était en ébullition et en proie aux rumeurs les plus folles . Les gens rustiques, rentrant chez eux dans l'obscurité, avaient entendu les paroles du commandement militaire : « face à droite », « face à gauche », « roue droite », « roue gauche », etc., et des notions extravagantes sur ce qui se passait tout naturellement. propagé. En prévision de cette journée, les magistrats enrôlèrent une force de constables spéciaux, et une forte force de Yeomanry et de militaires était maintenue à proximité.

Depuis Middleton, Bamford marcha, à la tête de 6 000 hommes, vers « St. Peter's Field », et d'autres quartiers arrivaient de nombreuses colonnes ; de sorte qu'à l'heure fixée pour l'ouverture de la réunion, dans cet espace étroit de deux ou trois acres, quelque 80 000 personnes étaient rassemblées. La police détenait un mandat d'arrêt contre Hunt sous l'accusation d'attroupement séditieux, mais, devant cette foule immense, se déclara incapable de l'exécuter et fit appel aux magistrats pour l'assistance militaire. Une méthode plus délicate aurait été d'attendre la fin de la réunion, moment où Hunt aurait probablement pu être facilement sécurisé ; mais le tact n'est pas une possession commune.

PETERLOO

A proximité se trouvait une force de cent quarante membres de la Manchester and Salford Yeomanry Cavalry, cachés dans la cour de Pickford, et à eux fut confiée la tâche de se frayer un chemin à travers la foule pour s'emparer de Hunt. C'était un choix malheureux, car les Yeomanry étaient, pour l'homme, des maîtres industriels, dont les intérêts avaient été violemment attaqués par la foule. Les troupes régulières à proximité auraient été moins prévenues et auraient agi avec plus de douceur ; mais les Yeomanry chargèrent au milieu des masses de gens qui les entouraient avec le fil et la pointe de leurs épées. De nombreuses personnes inoffensives, hommes, femmes et enfants, furent coupées, lacérées et piétinées ; mais la foule était si serrée qu'elle n'aurait pas pu céder si elle l'avait voulu, et la Yeomanry fut non seulement arrêtée, mais commença à être sévèrement manipulée ; ce qui, après tout, n'était rien de plus que ce qu'ils méritaient. Alors Hulton, éminent parmi les magistrats, perdit la tête et ordonna aux hussards de porter secours à la Yeomanry. Les gens furent descendus par centaines, les plates-formes furent prises d'assaut, les banderoles arrachées et le champ dégagé. De vastes foules de fugitifs en pleurs et en jurant, dont beaucoup étaient blessés, ont fui les lieux et ont quitté Manchester pour se réfugier dans la campagne : craignant d'être arrêtés. Onze personnes gisaient mortes, trente grièvement blessées et quarante « grièvement blessées ». Hunt, Bamford et d'autres ont été arrêtés. Ainsi se termina la grande réunion réformée à St. Peter's Field. Quatre ans seulement s'étaient écoulés depuis que Waterloo avait été combattu, et le peuple trouva rapidement le nom de « Peterloo » pour cette victoire des Yeomanry et des Hussards. C'était aussi, avec une allitération facile, ce qu'on appelle le « massacre de Manchester ». Le site est aujourd'hui la place Saint-Pierre et sur une partie du terrain se dresse la Halle du Libre-Échange.

On ne peut pas éprouver une grande sympathie pour l'agitation politique de cette époque. L'histoire de toute politique, de tous temps, et toujours en cours, nous dit qu'on ne réussit qu'à abolir une tyrannie pour la remplacer par une autre : détruire la tyrannie de l'aristocratie pour la remplacer par celle de la richesse, qui à son tour est renversée. par la pire tyrannie du socialisme et par l'impossible doctrine de l'égalité essentielle de l'homme. Ce qui domine tyrannisera inévitablement , que ce soit le fort sur le faible, l'aristocrate sur le plébéien, ou le riche sur le pauvre ; et la sympathie envers les opprimés est un peu altérée quand on se rend compte que, lorsque les pauvres deviennent riches et les humbles puissants, eux aussi commencent à harceler et à intimider. L'exploitant du coton, s'élevant par ses capacités innées de la position de salarié à celle d'employeur, voit le centre de ses intérêts déplacé et s'associe à la classe à laquelle il a conquis sa place.

La nécessité d'une réforme parlementaire et constitutionnelle a été reconnue par Pitt, comte de Chatham, dès 1782 ; et une « réforme radicale » – *c'est-à-dire* une réforme allant à la racine des choses – fut exigée par le pays en 1797-1798 ; mais il appartenait aux agitateurs de jeter le discrédit sur la question de la réforme à tel point que, dans le langage courant, nous entendons toujours dire que quelque chose est « radicalement mauvais » ; jamais, par hasard, « radicalement juste », bien que la facilité allitérative de l'une ou l'autre forme soit égale à l'autre.

L'« école politique de Manchester », fondée en 1838 par Cobden et Bright, était un type de radicalisme très virulent et, dans certains de ses principes, un credo singulier à professer pour une communauté commerciale de fabricants et d'exportateurs. Il était nourri d'une agitation en faveur de l'abrogation de la loi sur les céréales et d'une passion pour le libre-échange ; il prônait la paix à tout prix et considérait les colonies avec haine. « Ce sera un jour heureux, dit Cobden, lorsque l'Angleterre n'aura plus un acre de territoire en Asie continentale. » John Bright partageait pleinement ces aspirations extraordinaires.

LES PETITS ANGLETERS

Concilier la croyance politique de John Bright avec sa pratique de fabricant est une de ces tâches dont les difficultés frisent l'impossible. Il était un apôtre du Little Englandism : l'auteur passionné de l'expression « Perish India ! » ; l'ardent visionnaire d'un jour où « l'Angleterre » cesserait de signifier autre chose que cette île. Quel idéal sur lequel s'attarder ! Il dit : « C'est peut-être une vision, mais je la chérirai. » Il a fait abandonner ce qu'il appelle la « noble vision » du Canada aux États-Unis :

« Du nord gelé au sud brillant, des vagues tumultueuses de l'Atlantique aux eaux plus calmes du Pacifique, je vois un seul peuple, parlant une seule langue, possédant une seule loi et tenant une seule religion, et par-dessus tout le drapeau de la liberté. , un refuge pour les opprimés de toutes nations et de tous climats.

Le « drapeau de la liberté » était, s'il vous plaît, les étoiles et les rayures, et ce « refuge pour les opprimés » était le pays dont le peuple souffre sous la tyrannie des Trusts et des disciples municipaux de l'évangile de la corruption, comme aussi sévèrement que n'importe quel autre peuple dans les nations « opprimées » d'Europe. En tout cas, ce sont des articles de croyance auxquels peu de gens adhèrent aujourd'hui. Le fait qu'avec de telles aspirations, Bright ne pouvait pas supporter l'idée d'un Home Rule pour l'Irlande et qu'en 1886 il rompit avec Gladstone et rejoignit le parti unioniste, est l'un de ces changements extraordinaires et illogiques auxquels la carrière des hommes politiques modernes est confrontée. de toutes les nuances de pensée nous ont tellement habitués qu'il ne reste plus de surprises.

UN « HOMME DE MANCHESTER »

Les démagogues et les orateurs aux langues argentées ont été la malédiction des temps modernes de ce pays. Eux et leur public, ivres de leurs propres paroles insensées, ont perdu toute cohérence. En Bright, vous aviez un homme politique radical opposé à la création d'un empire, mais qui, en tant que fabricant et exportateur de produits en coton, avait ses intérêts largement liés au maintien de nos dépendances. Cela semblait être une honnêteté au détriment de la raison. Mais l'amère objection de Bright à toute ingérence de l'État dans les usines était moins honnête. En 1836, il était mécontent de toute tentative de contrôle des heures de travail et écrivit une contre-attaque à la « Malédiction du système d'usine » de Fielden. Jusqu'au bout, il s'est opposé à la réduction des heures d'ouverture des usines. En 1861, il attribuait les maux liés à la surproduction, dans lesquels il était lui-même engagé, à tout sauf à leur cause réelle ; mais, d'un autre côté, il ne faut pas oublier que, bien que lui-même grand perdant de la famine du coton, il défendit noblement la cause du Nord dans ses heures les plus sombres. En regardant les choses accomplies depuis son entrée sur la scène politique, son radicalisme semble avoir été singulièrement dilué avec le whiggisme : inévitable, sans aucun doute, du fait de sa position de grand employeur de main-d'œuvre . En tant que quaker, il était pour le désétablissement ; étant propriétaire foncier, il s'efforça de provoquer l'abolition des lois sur la chasse ; il fut, comme nous l'avons déjà vu, farouchement opposé, toute sa vie, à la réglementation étatique des usines. Il dénonça le chartisme, dont la plupart des points de réforme réclamés ont été concédés depuis longtemps, et, en réponse aux revendications des ouvriers des usines pour un meilleur paiement, il inventa la généralité selon laquelle « avec un mauvais commerce, les salaires ne peuvent pas augmenter » ; faisant remonter tous les maux à la Corn Law, cette fausse piste efficace tracée à travers de nombreux sentiers. Toujours la loi sur les céréales, jusqu'à son abolition en 1849. Elle était responsable de presque tous les maux, à l'exception des tremblements de terre.

Bright s'opposait à l'enseignement obligatoire, car cela entraînerait probablement le mécontentement des ouvriers d'usine à l'égard de leur situation ; et était désireux d'étendre la culture du coton en Inde. Lorsque ce projet n'a pas rencontré le soutien qu'il espérait et que sa protestation contre les droits de protection indiens n'a pas permis d'ouvrir l'Inde aux produits en coton en franchise de droits, « Perish India » est devenu plus que jamais un vœu pieux. L'une de ses plus grandes erreurs fut peut-être son mépris pour le fantôme de l'agression papale ; pas un simple navet illuminé sur un poteau comme le croyaient lui et ses contemporains. Aujourd'hui, Rome parcourt le pays, agressive.

VI

DE NOMBREUSES versions existent quant à l'origine de l'expression « un homme de Manchester », mais il est assez évident que l'expression, comme celle d'un « garçon du Lancashire », est une croissance allitérative naturelle. L'histoire la plus largement acceptée, cependant, est celle qui raconte l'histoire d'un cocher qui demanda : « Qui est monté dans le carrosse, mon garçon ? » a répondu : « Alors, qu'est-ce qu'il y a un gentleman à Liverpool, un homme à Manchester, un type à Bolton et un gars à Wigan.

La définition d'un gentleman donnée par un garçon du Lancashire ne doit pas être oubliée à ce stade. Il a été donné il y a de nombreuses années et était « quelqu'un qui veille et qui se débrouille tout seul ». Nous savons maintenant que la noblesse, à l'heure des montres bon marché et des préjugés contre le partage du lit, est peut-être à la portée de tous.

Ce n'est pas rien d'être un « homme de Manchester ». Le nom a une connotation d'autonomie qui va comme un gant aux hommes de Manchester, quelle que soit la pertinence des autres descriptions, ou de celle qui parle des « roughs d'Oldham ».

Le fabricant de Manchester des années 1750, tel que le décrivent ses contemporains, était une personne humble, de la plus grande simplicité, travaillant comme un compagnon entre ses mains ; commencer la journée avant six heures du matin et la terminer proportionnellement plus tôt, comme le dictaient les habitudes de l'époque et les moyens primitifs de l'éclairage artificiel. Il produisait les marchandises et les entreposait, et son entrepôt et son usine combinés étaient également sa maison. Non seulement il travaillait avec ses tisserands, mais il prenait ses repas avec eux, et tous se servaient d'un bol commun de bouillie d'eau et d'un plat de lait. Aucun des fabricants n'avait de « résidence privée », et le langage était en effet si simple qu'aucun d'entre eux n'aurait probablement compris le terme s'il n'avait pas été rédigé dans un anglais plus simple.

Voilà pour le filateur de coton du milieu du XVIIIe siècle . Voyons comment son descendant vers 1866 apparaît à ses contemporains. Un écrivain d'un magazine populaire de l'époque, décrivant avec plus ou moins d'éloquence les caractéristiques des hommes de Manchester et des messieurs de Liverpool, décrivait un « gentleman de Liverpool » comme une personne magnifique qui faisait du commerce au-dessus de ses moyens et abusait de son crédit, finalement, lorsque le L'inévitable krach est survenu, il a composé avec ses créanciers sur la base de trois shillings par livre et a continué sa vie splendide avec une splendeur presque intacte . Mais un « homme de Manchester », selon cet apologiste, quand il brise, brise complètement et, en abandonnant tout, recommence par le bas. Je n'ai pas la prétention de dire comment ces distinctions ont résisté à l'épreuve du temps. À cette époque, selon ce même écrivain, l'homme typique de Manchester était une personne imaginaire qu'il avait choisi de baptiser « John Brown ». Laissant de côté le fait qu'il n'y a pas d'évocation véritable ou exclusive du Lancashire autour du nom de Brown, nous passerons à la carrière de cette personne typique, telle qu'elle figurait dans l'imagination vive de cet écrivain d'antan.

John Brown était à l'origine un pauvre garçon travaillant dans une filature de coton. Son père et sa mère étaient - Dieu seul sait qui, car sa carrière connue a commencé lorsqu'il a été trouvé un bébé, une nuit d'hiver, sur le pas de la porte, enveloppé dans un jupon de flanelle marqué «JB». L'enfant trouvé a été emmené à l'hospice et a été nourri. , habillé et éduqué aux frais de l'État, fut finalement envoyé, enfant, à la fabrique de coton la plus proche, où, grâce à son habileté et à son industrie, il devint rapidement contremaître. Il épousa très tôt une certaine Mary Smith, qui fut capturée et réduite en esclavage par ses nobles moustaches, et (étant probablement très versé dans les romans à un sou, dans lesquels les enfants de l'aristocratie sont souvent abandonnés sur le pas de la porte) le pensait secrètement de sang doux. John Brown, comme l'apprenti industrieux dans les contes moraux, s'est continuellement élevé et est devenu filateur de coton pour son propre compte et un homme riche, possédant une magnifique villa à Higher Broughton, ou dans un autre endroit encore à moitié à cette époque. rural. Il ne connaissait rien à l'art, mais, comme cela semblait être une chose conventionnelle pour un homme dans sa position, il achetait des tableaux, principalement, il faut l'avouer, sur la base d'un certain prix au pied carré. Il se levait à six heures, était au moulin à huit heures ; et avons dîné à midi en ville. Il était à la maison pour prendre le thé, qu'il prenait avec son « owd wumman » dans l'arrière-cuisine, quittant la magnifique salle à manger pour des occasions officielles inconfortables. Il était au lit à neuf heures.

Je ne sais pas si de riches commerçants de Manchester de la fin des années soixante se sont reconnus dans cet effort d'imagination ; mais en tout cas, cela ne tiendrait plus aujourd'hui. Je ne vois pas, à l'heure actuelle, ni réellement ni imaginativement, aucun grand fileur de coton prenant le thé dans l'arrière-cuisine ou se retirant à 21 heures, et, même si l'idée du mécène survit vigoureusement, c'est la musique qui distingue par excellence Manchester dans ses récréations supérieures : Liverpool étant réellement le plus grand centre d'art , consacré avant tout à la culture, au plaisir des yeux plutôt qu'à celui de l'oreille.

EN FAIT

Pour l'homme typique de Manchester de cette époque, la naissance et la noblesse n'étaient rien. Il était, par-dessus tout, non sentimental, pragmatique et provocateur. C'est un homme de Manchester qui, lors de la lecture d'un passage de poésie de Coleridge, a déclaré que la lecture « L'hirondelle était froide » était incorrecte et devrait être « avait un rhume ».

« Le jour se lève », dit quelqu'un à un fileur de coton. "Laissez-le se briser", répondit-il, "il ne me doit rien."

C'est un habitant d'une ville jaloux de Manchester – et il y en a beaucoup – qui a déclaré qu'un homme de Manchester, voyant le manteau et le gilet tachés de sang de Nelson à l'hôpital de Greenwich, n'éprouverait que peu d'émotion patriotique. Il se demande d'abord de quel tissu ils étaient faits. C'est un dicton cruel, mais il a au moins ce fondement : que le Little Englandism et la vieille école politique de Manchester ne faisaient qu'un. *Nous en étions* un, car l'école de Manchester de Bright et Cobden est morte et son cadavre déshonoré . Il est vrai que ce qui ressemblait à une aberration mentale a frappé Manchester et le pays en général lors des élections de 1906, mais il ne s'agissait pas tant ici d'une conviction politique que de l'indignation franche et franche d'un homme du Lancashire face au manque d'honnêteté. , les pitoyables mesquineries qui ont caractérisé l'administration Balfour. On avait en outre le sentiment que le pays n'avait pas été traité équitablement en 1903, lorsque Lord Salisbury remit ses fonctions au profit de son neveu. La politique consistant à « garder cela dans la famille », comme si la gouvernance du pays était une prérogative de la famille Cecil, a suscité à juste titre un ressentiment, allant même jusqu'au rejet massif de Manchester du chef des marchands lui-même.

VII

DIX des millions de personnes habitent les districts industriels dont Manchester est le centre . C'est à la fois le district le plus riche et le plus pauvre d'Angleterre, où la richesse a de plus en plus tendance à s'accumuler entre les mains d'un petit nombre et où, selon les statistiques officielles, il y a, à l'autre extrême, plus de pauvres que partout ailleurs dans le monde. le pays, à la seule exception du Middlesex, y compris Londres. Le revers inévitable de la médaille de la grande prospérité commerciale est la pauvreté misérable qui coexiste avec elle. Ce n'est que dans les pays agricoles pauvres et non manufacturiers que la pauvreté est relativement heureuse et supportable. S'il existe un remède à un tel état de choses dans les centres industriels , personne ne l'a encore trouvé ni appliqué. Il y a toujours ici une grande proportion de classes qu'il est devenu à la mode de qualifier de « submergées », et dans les époques où la prospérité décline, elle s'accroît de manière à inclure la plupart des salariés et à amener les petits commerçants au bord de la disparition. ruine. Beaucoup de ces périodes de dépression ont été au-delà de la capacité humaine de les prévoir ou de les éviter, mais d'autres ont été provoquées par l'action des fabricants, en concurrence les uns avec les autres. Mais dans presque tous les cas de temps difficiles, le remède le plus proche a été cherché, d'un côté ou de l'autre, dans la grève ou le lock-out. Le Lancashire est le berceau de ces remèdes grossiers.

Après la pénurie ou le prix élevé des matières premières ou le ralentissement du commerce, le plus grand mal est celui de l'engorgement du marché, causé par une surproduction, difficilement possible avant l'époque des machines ; un mal qui est le plus souvent causé par la concurrence des fabricants, qui continuent à fabriquer, chacun dans l'espoir que, celui qui en souffrira, au moins, ne le fera pas. Dans le passé, la surproduction a été telle que les marchandises ont dû être vendues en gros à un prix très considérablement inférieur au coût de fabrication. Vendant à lourdes pertes, les fabricants ont cherché les moyens les plus proches pour réduire leur déficit ; et cela s'est généralement traduit par une réduction des salaires plutôt que par une diminution de la production. Cinq ou dix pour cent. la réduction a généralement provoqué une grève, qui a été jusqu'à présent la bienvenue dans les grandes entreprises, car elle leur a fourni un prétexte pour cesser de fabriquer au prix de pertes ruineuses. Provoquer une grève dans ces conditions a été le seul moyen de sortir d'une situation impossible ; et les ouvriers indignés ont ainsi, au lieu d'embarrasser les maîtres, les avoir

involontairement sauvés de la faillite. La solution médiane est celle du «
temps court ».

Ce sont là des questions vastes et sérieuses, qui, heureusement, n'ont pas été
mises en avant autant par les circonstances que par le passé ; mais autrefois
très important . La littérature sur les filatures de coton et les grèves est très
abondante et écrite en grande partie par une autorité non moins que M. John
Morley, qui est d'avis que « certains d'entre eux (les fabricants) sont oisifs,
d'autres sont incompétents et certains d'entre eux sont des canailles. C'est en
effet une critique sévère de la part d'un groupe d'hommes de commerce aussi
entreprenants et intègres qu'il est possible de trouver en Angleterre : des
hommes aussi, il n'y a pas si longtemps, généralement de son propre type de
politique. Ces paroles ne semblent pas être celles d'un philosophe.

La plus grande période de surproduction fut celle qui culmina avec les
marchés saturés de 1861. Les années 1859-60 avaient été des périodes de «
terrible prospérité », au cours desquelles de nouvelles usines avaient surgi en
grand nombre et avaient, comme les plus anciennes, été exploitées. Faire des
heures supplémentaires. Au début de 1861, il y avait 2 270 usines dans le
Lancashire, le Derbyshire et le Cheshire, qui travaillaient sous haute pression.
En supposant que ces temps prospères allaient durer, les fabricants ont
déployé tous leurs efforts pour faire fonctionner leurs installations et leurs
mains au maximum de leurs capacités et, ce faisant, ils ont produit une telle
quantité de marchandises que, par leurs propres efforts, ils ont mis un terme
à la prospérité. . L'Inde et la Chine, les grands marchés des chemises et des
fils, étaient pleines et cessèrent d'être des acheteurs ; et pendant ce temps, les
entrepôts de Manchester regorgeaient d'un stock croissant de marchandises
invendables. Le résultat fut « peu de temps » en octobre 1861. Même s'il n'y
avait pas eu de guerre en Amérique, des temps difficiles seraient arrivés ; mais
avec l'ouverture de la guerre civile entre le Nord et le Sud, la famine du coton
de 1862-1863, provoquée par l'arrêt de l'approvisionnement en coton brut
des États du Sud, amena les riches filateurs de coton au bord de la ruine et
de la misère. et la famine à des centaines de milliers de personnes. Tout le
monde dans les districts industriels a souffert, car les classes dépendent les
unes des autres. Pour les fabricants, les ouvriers, les commerçants, les
hommes professionnels, la famine du coton était une réalité très sombre. En
décembre 1862, pas moins de 247 000 ouvriers étaient sans emploi, et plus
de la moitié de ce nombre était au chômage. Un grand nombre de 234 000
personnes bénéficiaient d'une aide aux pauvres, et le taux moyen d'aide aux
pauvres pour les districts manufacturiers est passé de 7 $^5/_8$ _d._ dans le £, à 2 _s._
2½ _j._ Les fonds de secours souscrits s'élevaient à plus de 2 000 000 £ et les
pertes commerciales dues à la famine du coton étaient évaluées à 70 000 000
£.

Les journaux de cette terrible époque étaient pleins de portraits de la famine, et il est facile de s'y référer, mais il ne servirait à rien de raconter ces tristes histoires. Pourtant, malgré toutes leurs souffrances, bien qu'ils aient tout à gagner du succès du Sud, la robustesse, l'indépendance et l'honnêteté essentielles du caractère des habitants du Lancashire ont maintenu leurs opinions initiales fermes : que le Nord avait raison de lutter contre esclavage. C'était essentiellement l'opinion du peuple. Connaissant eux-mêmes un peu l'esclavage à l'époque précédant les Factory Acts, ils étaient sympathiques et solidaires pour le Nord. Les autres classes étaient, au mieux, divisées, et l'Angleterre dans son ensemble était pour le Sud.

Manchester a depuis longtemps cessé d'être un centre de fabrication de coton . La croissance de l'industrie, la croissance de la ville et l'augmentation des loyers, des taux et des impôts en son sein, tout cela a conduit Manchester à devenir la métropole du coton, dans laquelle il n'est plus travaillé à partir de la matière première, mais où le produit fini est stocké. Les entrepôts, et non les usines, sont les bâtiments les plus importants de « Cottonopolis » ; qui est aujourd'hui une ville de marchands et d'intermédiaires, et la métropole des villes industrielles du Lancashire, où toutes les professions et tous les métiers sont représentés. Pour voir les filatures de coton, il faut aller à Stockport, Bolton, Blackburn, Oldham et Preston : mais chaque fois qu'elles souffriront, Manchester partagera leurs épreuves.

L'ampleur du commerce de la filature du coton est trop grande pour être facilement appréhendée. Dans les premiers stades de son histoire, dans les années 1793-1824, la valeur totale des exportations était de 365 millions de livres sterling, soit une moyenne de, disons, douze millions de livres sterling par an, et celle des matières premières importées de 128 millions de livres sterling. En 1887, la valeur totale des exportations annuelles s'élevait à 70 957 000 £ ; ou, en d'autres termes, il avait presque sextuplé.

Il y avait alors 700 000 ouvriers et une somme de 29 400 000 £ était versée annuellement en salaires. D'après les rapports de 1905, les exportations de produits en coton cette année-là étaient évaluées à 92 000 000 de livres sterling, ce qui représente une augmentation annuelle depuis 1887 de bien plus d'un million de livres sterling par an. Et pourtant, la marée de la prospérité commerciale monte ; pas moins de quatre-vingts nouvelles filatures de coton ont été construites dans le Lancashire au cours des dix-huit mois comprenant 1906 et la première moitié de 1907 : avec pour résultat qu'il y a plus de travail à faire que de mains pour le faire. Lorsqu'en temps voulu la surproduction habituelle se produira et que la rareté du travail sera remplacée par le manque de travail, la masse de la misère et de la souffrance augmentera proportionnellement ; et si jamais une nouvelle famine du coton survenait, les horreurs de 1863 deviendraient relativement insignifiantes.

VIII

« CE QUE pense le Lancashire aujourd'hui, l'Angleterre le pensera demain. » C'est une expression politique, pas toujours étayée par les événements ; mais si nous élargissons la portée jusqu'à une compréhension plénière des affaires, la vérité devient beaucoup plus évidente. Les chemins de fer, lors de l'ouverture du chemin de fer de Manchester et de Liverpool, le 26 août 1830, le premier en Angleterre, sont nés dans le Lancashire et se sont répandus à partir de là ; et les canaux, bien que les premiers aient été construits ailleurs, c'est à Manchester qu'ils prirent d'abord de l'importance. L'ouverture du canal du duc de Bridgewater en 1761, et celle du Manchester Ship Canal en 1894, marquent le début de deux époques différentes : la seconde des deux a été chargée avec on ne sait encore quelles formidables possibilités. Manchester est un port et l'est devenu grâce à un effort de patriotisme local sans égal ailleurs. Lorsque les actions du projet Ship Canal ont été proposées dans le monde financier et que personne n'a trouvé le capital, l'avenir du projet semblait désespéré. Les pouvoirs pour sa construction, accordés par une loi du Parlement, étaient sur le point d'expirer, et les promoteurs en furent réduits à parcourir le pays environnant et à tenir des réunions pour faire connaître le projet. En ces heures sombres, de nombreux ouvriers de Manchester placèrent leurs économies dans la Compagnie, et la Corporation elle-même s'en occupa dans une très large mesure. Lorsque le succès de l'émission parut assuré, les géants de la finance prirent un peu de courage, la situation fut sauvée à la onzième heure, et le canal devint enfin, après une dépense de quinze millions et quart de sterling, un fait accompli . Ce n'est que récemment que cette énorme dépense a rapporté quelque chose, mais l'accès direct à la mer qu'il donne a énormément accru la richesse et l'importance de Manchester. L'utile et le beau, nous dit-on, ne font qu'un, mais le Manchester Ship Canal n'est pas un bel objet. Ses eaux sont noires et sentent le ciel par temps chaud, et les grandes écluses, les ponts tournants, etc., bien que de merveilleuses prouesses techniques, ne constituent pas des améliorations du paysage. Mais ils ont une majesté qui leur est propre, et si vous descendez le canal maritime en vous bouchant le nez, vous serez très impressionné. Vous serez encore plus impressionné si vous ne le tenez pas. Une succession de quais, d'entrepôts, de silos à grains et de puits de charbon bordent ce canal maritime achérontéen : le tout équipé de machines qui accomplissent des merveilles d'une manière silencieuse, sans ostentation et terre à terre. Et les grands paquebots de haute mer arrivent lentement jusqu'à Manchester, hurlant pour que les ponts tournants s'ouvrent, et des foules de badauds intéressés et le trafic impatient, retenu devant les ponts abandonnés, regardent le spectacle avec jamais... regard rassasié. C'est une merveille éternelle, une sensation qui ne se tarit jamais.

À certains égards, les changements survenus à Trafford Park, à la tête du canal, sont encore plus merveilleux. Il n'y a pas si longtemps, les grilles du parc, le long de Chester Road, à la périphérie de Manchester, révélaient de larges étendues de pelouses boisées, en pente vers l'Irwell. les arbres et les pelouses et les avait remplacés en un acte par une imitation fidèle des East India Docks, où des blocs de gratte-ciel d'entrepôts ignifuges et des labyrinthes de voies d'évitement ferroviaires constituent des preuves étonnantes de ce que le canal a déjà fait pour Manchester. Cela a certainement « fait pour » toute frange rurale persistante.

Je me souviens très bien d'avoir été abandonné il y a longtemps par le chemin de fer à Manchester, en tant qu'étranger, sans amis dans la grande ville, et avec ce vague sentiment d'appartenance que seul un voyage en train peut donner. En venant par la route dans un tel endroit, vous apportez avec vous une continuité topographique et savez où finissent les maisons sinistres et où commence le pays souriant ; mais être assis seul au milieu de ces kilomètres de rues, puis, lors d'un jour de loisir, tenter l'entreprise de marcher jusqu'à l'endroit où la dernière maison donne sur les champs, et marcher encore et encore, sans avoir l'impression de ne jamais arriver. plus près de la lisière des maisons renfrognées, se trouve une expérience dont seul De Quincey pouvait espérer dépeindre l'horreur. Londres est plus grande, mais ses rues présentent un intérêt plus varié. Ici, loin du centre de Manchester, dont l'architecture centrale est ornée, bien que noire, les rues mesquines et sans relief vous brûlent l'âme. C'était avant l'époque des tramways électriques, et je marchais encore et encore, sans arriver au bout de Manchester, puis à Old Trafford, obsédé par la peur de tout cela, je revenais à pied ; se demandant, assez sauvagement, si cela avait jamais pris fin.

Y étant depuis arrivé et reparti par plusieurs chemins, je suis maintenant pleinement informé de ses limites, et, grâce à cela, les maisons paraissent un peu plus gentilles, les rues ne semblent pas tout à fait interminables. Mais je suis toujours impressionné par la longueur extraordinaire des routes et des ruelles pavées – pavées de pavés de granit. Il y a un chemin – un chemin de campagne, car il est bordé de haies – que j'ai découvert en explorant le quartier à vélo, et ce chemin continuait, toujours en serpentant, sur des kilomètres, et toujours, bien qu'extraordinairement solitaire, et avec jamais une maison ni un voyageur, pavé de pavés de granit qu'il a dû coûter une fortune considérable pour y construire. Cela commençait dans le quartier de Warburton et se terminait dans un endroit mal engendré appelé Broad Heath, et pourtant c'était à plus de six milles et demi de Manchester. Je n'ai jamais été aussi sincèrement étonné de toute ma vie.

À Old Trafford se trouvent les jardins botaniques, autrefois admirablement placés, mais maintenant aussi incongrus que si, par exemple, le parc St. James était situé à côté de Commercial Road. Manchester s'y amusait d'une manière distinguée ; mais pour voir comment Manchester peut s'amuser intensément après une période de travail acharné, les jardins Belle Vue, à Longsight, devraient être visités pendant les vacances. L'endroit est, par excellence, *la* station balnéaire populaire, et regroupe Hampstead Heath, Rosherville et Crystal Palace.

Il n'y a pas de fin à décrire Manchester : elle est si vaste et si variée, et son histoire présente tant de chapitres. On pourrait dire quelque chose de l'indignation des Fenians du 18 septembre 1867, lorsque le sergent Brett, responsable du fourgon de prison transportant les prisonniers à la prison de Belle Vue , fut abattu dans Hyde Road par une bande désespérée de quarante hommes armés qui s'efforçaient de libérer le prisonnier. criminels, Kelly et Deasy. Parmi les personnes arrêtées, Allen, Larkin et O'Brien ont été condamnés à mort et pendus à la prison de New Bailey, à Salford ; figurant depuis lors dans le Valhalla irlandais pervers des héros sous le nom de « Martyrs de Manchester ».

HÔTEL DE VILLE DE MANCHESTER.

Si l'on jette un autre coup d'œil sur Manchester, le grand hôtel de ville, sur Albert Square, mérite d'être remarqué, non seulement parce qu'il a coûté bien plus d'un million de livres, mais parce qu'il constitue l'un des principaux embellissements architecturaux de la ville. Ouvert en 1877, il fut, comme beaucoup d'autres bâtiments publics modernes, l'œuvre d'Alfred Waterhouse. Le style est un anglais ancien enrichi et l'extérieur majestueux dans une certaine mesure. Mais que dire de cet intérieur beau mais sombre, avec son dédale de couloirs, ses montées et descentes inattendues ? L'étranger à Manchester, cependant, doit nécessairement s'en remettre aux périls de ce désert, car dans la très belle et saisissante série de douze fresques de Ford Madox Brown, il trouvera non seulement une justification des méthodes préraphaélites, alliées à certaines de belles couleurs et des dessins très pittoresques, mais un commentaire pictural éclairant sur l'histoire de la ville.

RUES ARRIÈRE

Mais il n'y a pas que de la culture à Manchester : il y en a de toutes sortes ici, comme dans toutes les grandes villes. Certains pensent que la banlieue de Cheetham Hill est le dernier mot en matière de dignité et de confort : d'autres vantent Whalley Range, mais tous s'unissent pour injurier le quartier de Redbank et Angel Meadow, ou Angel Street comme je crois qu'on l'appelle maintenant. Toute connaissance intime des grandes villes et de leurs quartiers flagrants, généralement appelés Providence Place, Pleasant View, etc., préparera le lecteur à l'affirmation selon laquelle les anges n'habitent pas Angel Meadow, pas plus qu'ils n'habitent Seven Dials à Londres. La culture ne s'attarde pas ici. Il y a un témoignage indirect de cela dans une résolution récente du Comité de Surveillance visant à fournir à un agent de police une nouvelle « série de dents, pour remplacer celles qu'il a perdues dans l'exercice de ses fonctions ». Ce sont les célestes du district d'Angel Meadow qui ont cassé les dents du constable. Alléluia! L'endroit n'est pas si loin de la Cathédrale et des Strangeways Prison , mais ni la promesse du châtiment actuel que la prison réserve aux mauvais chemins, ni l'espoir du Ciel pour les repentants que représente la cathédrale, ne suffisent à blanchir les péchés écarlates de Redbank, ou à gagner les habitants d'Angel Meadow à un meilleure vie.

Si une chose est plus sûre qu'une autre dans n'importe quelle grande ville, c'est que l'étranger ne doit pas explorer les ruelles. La fierté civique sera d'accord avec moi là-bas. Car, en effet, l'étranger dans les ruelles voit des choses étranges, entend un langage étrange et sent des odeurs encore plus étranges qui ne sont pas mentionnées dans les salles de conseil conventionnelles. Les rues de derrière conversent dans un discours qui leur est propre : elles lisent leur propre littérature et se nourrissent d'une nourriture dont les rues de devant ignorent tout. En fait, dans les rues secondaires et devant, vous avez deux mondes totalement différents, qui se connaissent peu, et aimeraient probablement en savoir encore moins l'un de l'autre.

IX

DÉSESPÉRÉ d'imaginer Manchester en bref – car ce n'est pas possible – je consacrerai quelques pages à quelques mots sur les horaires des entraîneurs, puis je conclurai. On ne peut pas dire grand-chose de cette époque avec avantage, parce que les auberges vers lesquelles allaient et venaient les voitures et les chariots appartiennent presque toutes au passé, et parce que les vieilles auberges de toute sorte sont rares à Manchester de nos jours. L'ancienne « Sept Étoiles » de Withy Grove est cependant non seulement beaucoup plus ancienne que le plus ancien carrosse, mais elle lui ressemble aussi, avec ses pignons à colombages et ses solides murs, et est même suffisamment ancienne pour qu'on puisse prétendre que la Collegiate L'Église elle-même lui est inférieure. Bien plus, elle prétend même être la « plus ancienne maison autorisée de Grande-Bretagne ». A proximité se trouve le tout aussi pittoresque et ancien « Retour du vieux rover ». La « Tête de taureau », dans une ruelle voisine , avec la tête de taureau finement moulée en guise de signe, a des souvenirs conviviaux et des associations avec les premiers temps postaux, et là se dresse une maison à colombages et à lattes et à lattes grotesquement hors d'aplomb . un ancien immeuble plâtré à Long Millgate qui était autrefois l'auberge « Sun », l'endroit où Ben Brierley et ses collègues poètes dialectaux ont trouvé l'inspiration dans le coin de la cheminée. Les initiales « WAF » et la date 1647 se trouvent sur l'ancien bâtiment, mais il est évidemment plus ancien d'au moins un siècle. Ce n'est plus une auberge, elle est encore connue sous le nom de « Coin des poètes », et dans sa célébrité assez vague, le marchand de curiosités qui occupe désormais les lieux y trouve sans doute son compte.

L'AUBERGE « SOLEIL », LE COIN DU POÈTE.

LES «ARMES DU BRIDGEWATER»

Le principal relais de poste de Manchester était le « Bridgewater Arms », près du coin de High Street et Market Street. C'est à cela que vint le Royal Mail. Plus tard, HC Lacy déménagea dans des locaux plus grandioses, à l'angle de Mosley Street et Market Street : une maison qui était à l'époque un bel hôtel particulier, et qui avait alors encore l'avantage de posséder un très grand jardin bien garni. il y a. Il a baptisé cette maison « Royal Hotel and New Bridgewater Arms » et y sont venus ainsi que le Mail, le « Defiance » et d'autres autocars intelligents. Il a disparu depuis longtemps et l'actuel « Royal Hôtel » se dresse sur le site ; mais les anciennes « armes Bridgewater » originales existent toujours, bien que maintenant, et depuis de nombreuses années, elles soient occupées comme entrepôt. Les initiales BIM et la date 1736 figurent sur une tête de bec qui surplombe Bridgewater Place, la ruelle étroite sur laquelle fait face l'entrepôt. C'est aujourd'hui un entrepôt de futaine, mais il reste, gravé sur la vitre d'une fenêtre supérieure, un hommage poétique d'un ancien hôte de la maison, arraché aux bras de sa bien-aimée. Il avait ses propres idées sur l'emplacement des majuscules et de la ponctuation :

Adieu, vous, ruisseaux qui coulent doucement ;

Vous êtes des airs printaniers qui soufflent doucement ;

Vous champs, par le printemps qui coule ;

Vous, oiseaux, qui gazouilliez dans l'ombre.

Indemne de toi, mon âme pourrait s'envoler,

Ni verser une larme, ni pousser un soupir ;

Mais obligé, des charmes de C(elia), de se séparer,

Toute joie abandonne mon cœur abattu.

1797

Cette vitre enrichie est très soigneusement préservée des dommages en étant recouverte de fil de fer, et ainsi la plainte de l'amant persistera probablement aussi longtemps que la maison sera debout.

Le « Paon », auquel a recours le « Peveril du Pic » ; le « Cygne », où s'est arrêté l'« Indépendant » ; les « Star », rendez-vous du « Manchester Telegraph », ne sont plus que des noms ; et l'époque à laquelle ils appartenaient est peut-être plus complètement oubliée à Manchester que dans toute autre ville. En regardant le dédale des lignes de tramway bifurquées et les centaines de voitures électriques qui roulent à vive allure, qui démarrent à cinq heures du matin et ne s'arrêtent qu'après minuit, et roulent plus imprudemment et à plus grande vitesse qu'ailleurs, on s'aperçoit clairement que Manchester n'a pas de temps pour le passé et peu de loisirs à consacrer au présent.

X

EN TRAVERSANT l'Irwell par le pont Blackfriars, on atteint Salford ; une distinction, en ce qui concerne le pèlerin, sans différence. Tout comme, en apparence, Londres et Southwark, et Brighton et Hove ne font qu'un, Manchester et Salford le sont aussi. Mais dans la politique locale, ils sont tous séparés et indépendants, et si l'on porte un œil attentif sur les wagons du tramway, on verra qu'il n'y a pas seulement une corporation de Manchester mais aussi une corporation de Salford ; et, si la beauté relative des tramways de Salford était un critère, Salford devrait être l'endroit le plus important des deux. Leur rang comparatif doit cependant être jugé par le fait qu'un lord-maire dirige le conseil municipal de Manchester et un maire celui de Salford ; mais il existe encore une curieuse anomalie : Manchester se situe dans les Cent de Salford, et ainsi la plus grande est, à cet égard au moins, incluse dans la plus petite. Cet anachronisme singulier est une relique de ces temps très anciens où se formèrent les Cents. À cette époque, Manchester elle-même était un lieu en grande partie en ruine, résultat du feu et de l'épée nordiques, et Salford, surgi de l'autre côté de la rivière, loin de la scène de désolation, tentait juste de lui succéder dans tous les domaines. âge.

Le tonnerre des trains au-dessus de nous, ainsi que le fracas et le grondement des camions lourds le long de la route, accompagnent l'explorateur tout au long de son chemin à travers Salford. Mais il y a une oasis dans tout cela au Crescent, là où l'Irwell, dans l'une de ses boucles les plus éloignées, s'approche et où apparaît le vaste parc Peel. Au-delà vient encore le peu charmant Pendleton, puis Bolton Road et Irlam -o'- th' -Height, c'est-à-dire Irwellham -on-the-Hill, moins romantiques en apparence que de nom. Ici, la route s'élève vers ces hautes terres toujours sinistres qui s'étendent jusqu'à Bolton et donnent à cet endroit son ancien nom de Bolton-le-Moors : plus sinistre maintenant que jamais, car voici le grand gisement de charbon qui a rendu Manchester possible.

En passant par Pendlebury, avec les houillères de Worsley du vieux duc de Bridgewater à gauche, nous plongeons dans le quartier des mines de charbon de Clifton, où les appareils de levage de la mine de charbon de Clifton Hall, les wagons à charbon rassemblés, les rails à travers la route et les talus de déblais où la végétation affamée s'installe de manière précaire font une désolation au bord du chemin. À gauche, les landes maussades, avec peut-être une vache solitaire paissant dans l'un des rares champs restants, juste pour souligner le changement survenu dans la scène ; tandis qu'à droite, tout en bas, coule l'Irwell, au milieu d'un curieux mélange de beaux paysages, d'anciens halls et manoirs, et d'innombrables houillères et moulins dont les cheminées crachent de la fumée et de la vapeur sur toute la vallée . Lorsqu'une pluie constante tombe, les jours sans vent, et diffuse la vapeur et la fumée mélangées sur le paysage dans une masse de vapeur grise et laineuse , la scène est extrêmement étrange ; tandis qu'une journée pluvieuse à Kearsley ou à Farnworth, lieux de maisons grises et de boutiques ternes, est une désolation dans laquelle même les pubs qui ont remplacé les auberges ne parviennent pas à rayonner une joyeuse gaieté.

PORTE DE MOÏSE

Moses Gate, aujourd'hui une sorte de succurse à Bolton, et dotée de sa propre gare ferroviaire, était autrefois une barrière de péage sur l'autoroute à péage. Qui était Moïse, à part peut-être le piquier, je ne le sais pas, et personne sur place ne manifeste la moindre curiosité. Le nom est accepté comme une évidence, ainsi que les circonstances peu attrayantes ; mais les passagers des chemins de fer qui se rendent dans des endroits plus favorisés en sont généralement extrêmement amusés.

Bolton était autrefois entouré de landes « mornes et inhospitalières », mais l'étranger peut douter qu'elles soient jamais aussi mornes que les environs actuels de la grande ville noire, sordide et sans beauté. Dans les jours très lointains où les landes environnantes ont vu pour la première fois cette colonie, il s'agissait de « Bothelton », du mot « Botl », qui signifie une ferme. Il existe plusieurs préfixes ou terminaisons de noms de lieux « botl », « Bothal » » et « bouteille » dans ces comtés du nord : notamment Walbottle , près de Newcastle, situé sur le mur romain ; et « Bothel » se produit près de Morpeth et dans le quartier de Keswick. « Bootle » a une origine similaire.

Enfin , le nom de Bolton s'est usé : « Bolton-le-Moors », pour le distinguer de Bolton-le-Sands, sur la baie de Morecambe ; mais il y a bien longtemps que ce signe distinctif n'a pas été utilisé.

LE « VIEUX HOMME ET LA FAUX ».

Il fut un temps où Bolton était une petite ville propre qui fabriquait des draps de laine , de la futaine et des dimities, dans des conditions idylliques. Ces industries étaient en plein développement lorsque les querelles du roi et du Parlement éclatèrent brutalement sur la scène, en 1644 : le parti parlementaire ayant mis en garnison la place qui, malheureusement pour elle, était une ville fortifiée. Lord Strange, plus tard comte de Derby, arriva de Wigan, avec une force pour la prendre d'assaut, mais il fut repoussé avec de lourdes pertes et se retira ; la garnison fut ensuite renforcée depuis Manchester, et ses effectifs furent portés à 3 000 hommes. L'assaut fut de nouveau intensifié, et cette fois le Lord Strange fut aidé par Prince Rupert avec 10 000 hommes. Deux cents cavaliers dévoués se faufilaient sous les murs, tandis que la trahison, disait-on, faisait entrer la cavalerie. La prise de Bolton qui s'ensuivit fut l'une des affaires les plus sanglantes de la guerre, et peu furent épargnés par la fureur des royalistes. Plus de sept ans plus tard, le comte de Derby d'alors souffrit des excès qu'il avait permis, avec le prince Rupert, à cette occasion ; car, ayant été capture a la bataille de Worcester, il fut amené à Bolton et décapité le 15 octobre 1651, à la croix du marché de Church Gate, en face de l'auberge « Old Man and Scythe » : avec une forme sinistre sur la scène de l'effusion de sang lui-même avait approuvé. Une inscription sur la façade de la maison raconte comment « Dans cette ancienne hôtellerie, James Stanley, septième comte de Derby, a passé les dernières heures de sa vie avant son exécution. » La maison, construite en 1636, faisait en effet partie de sa vaste propriété de Bolton. Quelle que soit l'enseigne originale de la maison, le présent est sans aucun doute une allusion au célèbre exploit de William Trafford de Swithamley , dont la prétention d'être un idiot a sauvé sa propriété du pillage par les soldats puritains. Ils l'ont découvert brandissant un fléau dans sa grange et répétant monotone « Maintenant, ainsi », et alors, incapables de lui faire comprendre quoi que ce soit, ils sont partis. Sous l'aire où ce prétendu « naturel » bafouillait se trouvaient ses principaux objets de valeur. Son tour est évoqué dans l'enseigne de l'auberge « Old Rock House » à Barton, près de Manchester, où il est représenté dans un costume contre-chargé, alternativement rouge et blanc, et avec son fléau, inscrit « Maintenant ainsi ». Ici à Bolton, bien que la robe à carreaux rouges et blancs, ressemblant un peu à celle d'un bouffon ou d'un imbécile, soit conservée, et bien qu'il porte un bonnet de fou similaire, son fléau est devenu au fil des années une faux.

La hache « originale » qui a décapité le sanglant comte, qui méritait amplement son sort, est exposée dans l'auberge, qui n'est qu'un pub, avec la chaise sur laquelle il était assis. Mais une chaise prétendant également être la même se trouve parmi les reliques du siège du comte de Derby à Knowsley, où se trouve probablement une autre hache à tête. La seule façon de sortir de cette *impasse délicate* , pour plaire à tout le monde , est de suggérer que, étant un personnage important, il a reçu deux chaises pour s'asseoir et a été exécuté deux fois, par deux bourreaux ! On ne peut pas dire plus juste que cela.

BOULONNER

Il faut ajouter que le « Vieil homme et la faux » ressemble dans l'illustration à un bâtiment à colombages très pittoresque : mais il s'agit en réalité de briques banales, et les « colombages » ne sont que le produit du pinceau du peintre en bâtiment.

À « Bowton », plus que partout ailleurs le long de la route, vous entendez parler le Lancashire, et les habitants de la ville sont aussi rudes que n'importe qui dans le comté, tant par leurs manières que par leur apparence. Même dans le Lancashire, on parle d'un « type rude de Bolton » et aussi moins raffiné que les habitants de Wigan, St. Helens ou Widnes ; ce qui ressemble beaucoup à la réflexion de Walworth sur le manque de culture à Whitechapel. Une grande partie de cette brusquerie et de cette grossièreté apparentes est cependant plus apparente que réelle. Le Londonien, venu d'un endroit où beaucoup de manque de sincérité, et même d'insensibilité, est caché par le vernis d'un comportement conventionnel , est surpris et choqué par les manières franches et le discours très franc de Bolton et d'autres villes industrielles, mais il y a une cordialité à l'égard des gens, il n'y a aucun doute. Ce personnage typique, « John Blunt », a certainement peuplé le Lancashire avec ses proches.

Les sabots claquent encore sur les trottoirs de Bolton, et on ne voit encore que des filles en châle aller et venir des usines, mais même au cours des quinze dernières années, Bolton a énormément grandi, non seulement en termes de population mais aussi vers un niveau de vie plus élevé. Pourtant, pour cet auteur du moins, la pensée de Bolton rappellera toujours l' odeur du poisson frit ; car c'était un soir d'hiver, il y a bien longtemps, qu'il arriva pour la première fois dans cette sinistre ville. Les magasins de poisson frit emplissaient l'air d'une puanteur révoltante, et partout, le long des trottoirs, marchaient ceux qui, sans cérémonie, dînaient dans les journaux. Là-haut, jaunes dans le ciel sombre, comme des yeux bilieux, brillaient les cadrans illuminés de l'horloge de l'Hôtel de Ville, tandis que toujours et encore les quarts sonnaient et les heures grondaient.

HÔTEL DE VILLE DE BOLTON.

Bolton est particulièrement fier de son hôtel de ville, qui fut inauguré en 1873, et fut le premier de ces immenses édifices, d'un caractère monumental, qui ces dernières années ont été construits dans des centaines de villes, moins pour combler un besoin que pour plaire à la population. vanité des maires et des échevins. Il n'est pas étonnant que, lorsque les municipalités se construisent des palais et abritent chaque département royalement et quel qu'en soit le coût, les tarifs augmentent de plus en plus.

L'hôtel de ville de Bolton, conçu dans un style classique composite, est, dans la plupart des cas, bien plus imposant qu'utile. Un escalier pénible mène longuement au portique à colonnades, et bien qu'il paraisse magnifique, il est pratiquement un chagrin pour tous ceux qui doivent souvent l'escalader.

Une tour d'horloge, haute de 220 pieds, surmonte cet édifice éléphantesque, qui a coûté 170 000 £, et a une apparence si imposante qu'elle a été la mère de bien d'autres ; le dessin ayant été si admiré qu'il fut copié dans les moindres détails par Leeds, Portsmouth et d'autres villes ; Paddington propose également d'en construire un sur le même modèle. Mais le parent Bolton de tous est devenu très sombre ; étant, en raison de la fumée des quelque deux cents hautes cheminées d'usines de la ville, « aussi noire que votre chapeau ».

XI

FIRWOOD : LIEU DE NAISSANCE DE CROMPTON.

LES endroits les plus intéressants de Bolton se trouvent – pour parler paradoxalement – juste à l'extérieur. Sur la Bury Road , où courent les tramways électriques, vous trouverez peut-être avec quelque difficulté le petit virage de Firwood, où se dresse toujours l'humble maison natale de Samuel Crompton. Le long de la route principale, les maisons modernes marchent prosaïquement vers Bury, mais dans ce petit virage, qui descend abruptement et a le pavage le plus extravagant et irrégulier du quartier , vous trouvez un coin qui ressemble beaucoup à l'état de toute la campagne à l'époque de Crompton. . À l'exception bien sûr de la grande filature de coton qui se trouve ici. En regardant vers Bolton, il y a encore des fragments de bois et des freins enchevêtrés – des bois de sapin ou autres – mais à l'horizon, comme toujours dans le Lancashire, se trouvent des cheminées d'usine, encerclant de fantastiques traînées de fumée. Parmi les trois cottages ici, la première maison de Crompton est identifiée par une tablette de pierre inscrite :

Lieu de naissance de
SAMUEL CROMPTON.
Né Décr . le 3, 1753.

Je regarde cet humble lit de pierre avec une sorte de respect. Il n'a cependant pas été témoin de son éducation, car alors qu'il n'avait que cinq ans, ses parents ont déménagé à Hall- i '- th '-Wood, un ancien manoir dont les propriétaires avaient émigré vers une résidence plus moderne. . Ici, les

Crompton cultivaient une petite exploitation agricole, et ici le père de Samuel mourut prématurément.

HALL-I'-TH'-WOOD

Hall- i' - th' -Wood (la prononciation du Lancashire peut s'écrire « Hauleythwood ») se trouve dans une situation encore romantique, dans la paroisse de Tonge, à un mile de Bolton, sur la route de Blackburn . Les grands et anciens bois de chênes qui entouraient autrefois la vieille maison ont disparu depuis lors, mais le ruisseau Eagley coule encore en petites cascades au milieu des rochers de la gorge pittoresque au-dessus de laquelle se trouve la crête de la salle ; et il reste des parcelles de forêt pour donner à la scène une beauté sylvestre. C'est franchement une surprise, car elle se déroule au bord même du trafic tumultueux d'une grande route avec des magasins où les ménagères se font dire par des bouchers aux poumons de cuir « Achetez, achetez, achetez » : et aussi délicieux que surprenant.

La Salle dans le Bois n'est pas seulement intéressante en tant que lieu où Samuel Crompton a inventé la Mule Tournante : c'est l'un des plus beaux exemples parmi les nombreuses salles anciennes du Lancashire, et son architecture est singulièrement variée ; ayant été construit en deux périodes distinctes et distinctes, et à chaque période avec des matériaux entièrement différents. C'est un certain Lawrence Brownelow qui a construit la partie originale à colombages, en 1591, comme l'indiquent les initiales de lui-même et de son épouse Bridget, et la date,

BL
B1591

sculpté sur une cheminée en pierre. En 1637, la propriété fut vendue à Christopher Norres , drapier de laine , de Bolton, auquel succéda son fils Alexander, partisan du roi Charles pendant la guerre civile. Norres s'est échappé sans problème du Parlement victorieux, avec une amende de 15 £ et la prise du Pacte et d'autres serments ; puis il s'installa ici, construisant l'aile en pierre qui porte la date de 1648. Avec lui, cependant, prit fin le règne de Norres , car sa fille Alice épousa un certain John Starkie, dont les descendants résidèrent ici jusqu'au milieu du XVIIIe siècle. Leur jeu de mots héraldique , six cigognes pour Starkie, peut encore être vu, réalisé en plâtre.

HALL-I'-TH'-WOOD.

C'était une vieille maison négligée et délabrée dans laquelle les Crompton arrivèrent en 1758. Pour des raisons économiques - la taxe sur les fenêtres prévalait alors - toutes les fenêtres inutiles, et certaines qui étaient réellement nécessaires, avaient été maçonnées, la pluie pénétrait par le toit, et les rats couraient sans contrôle de pièce en pièce. Là, dans une maison trop vaste pour eux, la veuve Mme Crompton et son petit garçon vivaient des revenus d'une petite ferme et des gains insignifiants qu'elle tirait du filage du fil, à la main, comme tout le fil était alors filé. Samuel a aidé à la filature, bien, peut-on supposer, contre sa volonté ; et dans cette corvée, ses pouvoirs inventifs furent éveillés, dans le sens d' une économie de travail . La machine à filer de Hargreaves de 1768 et l'invention d'Arkwright étaient nouvelles lorsqu'il commença à planifier, et sa machine prit la forme d'une amélioration combinant les principes des deux. Il avait vingt et un ans lorsqu'il commença ce travail, et ce n'est que cinq ans plus tard qu'il le termina. Les temps n'étaient pas propices aux inventeurs, des bandes de tisserands furieux parcouraient les quartiers alentour, détruisant partout les filatures qu'ils croyaient les priver de travail ; et Crompton était constamment obligé de démonter son modèle et de le cacher dans les toits des mansardes de sa maison balayée par les vents et hantée par les rats. Mais à la fin, la fureur des tisserands s'éteignit, et il put alors expérimenter sans craindre que la maison et le modèle ne soient détruits. Puis, cependant, un nouveau danger surgit. Crompton, on le savait peu à peu, possédait une nouvelle machine merveilleuse à l'ancien endroit, et nombreux étaient ceux qui cherchaient d'une manière ou d'une autre à en percer le secret, parmi eux le rusé Arkwright, inventeur et homme d'affaires également : une combinaison inhabituelle de des talents que Crompton, malheureusement pour lui, ne possédait pas. En conséquence, le secret a été dévoilé pour une somme dérisoire, et n'a même pas été breveté. Les usines furent équipées de son invention, et les industriels s'associèrent pour souscrire, en guise d'acte de grâce, cent guinées qui, multipliées par mille, auraient dû lui appartenir de droit. En 1812, Crompton constata que le nombre de broches fonctionnant selon son principe s'élevait à cinq millions . Cette année-là, une récompense semblait presque à sa portée, car un vote de 20 000 £, en reconnaissance de ses services, fut proposé et devait être soumis au Parlement par Spencer Perceval, le premier ministre ; mais le jour même, alors qu'il portait en main un mémoire à cet effet, Perceval fut assassiné par Bellingham dans le hall de la Chambre des Communes, et la proposition ne fut pas renouvelée. Mais, grâce à l'intervention de quelques amis, un mémoire au Parlement fut préparé, qui fut signé par les principaux fabricants du royaume, de sorte que la somme de 5 000 £ lui fut accordée. Observons ici l' humour exquis de la chose. Les « principaux fabricants » étaient devenus tels et avaient amassé de grandes richesses grâce à l'aide de la mule de Crompton, mais ils s'adressèrent mesquinement au gouvernement et taxèrent ainsi la nation entière pour une somme qu'ils auraient dû lever eux-mêmes.

Avec cette somme, Crompton établit ses fils dans le secteur du blanchiment ; mais l'établissement échoua et l'inventeur se retrouva de nouveau dans une situation difficile. Une deuxième souscription a été levée et une rente viagère achetée pour Crompton, produisant environ 63 £ par an. Il n'en jouit que deux ans, car il mourut en 1827, âgé de soixante-treize ans, et fut enterré dans le cimetière de la paroisse de Bolton.

Le dernier coup de fortune cynique n'a eu lieu qu'en 1862, alors que le malheureux inventeur était resté trente-cinq ans dans sa tombe. Alors la ville de Bolton, dont les fabricants lui avaient, de son vivant, refusé tout moyen de subsistance, ériga une statue à l'homme qui avait fait leur ville, ainsi que vingt autres villes grandes et prospères. Parmi les personnes présentes à l'inauguration, et rétrécissant dans sa pauvreté face aux magnats en robe et finement vêtus , se trouvait le fils survivant de Crompton, alors âgé de soixante-douze ans et dans les circonstances les plus pauvres. Palmerston lui a finalement envoyé une allocation du Royal Bounty Fund.

Si les esprits des défunts peuvent savoir ce qui se passe dans le monde qu'ils ont quitté, il doit y avoir un rire ironique et amer dans l'Au-delà. Pillé et négligé dans sa vie, Crompton est tardivement honoré dans sa mort. Le vieux Hall sombre et moisi a, grâce à la munificence de M. WH Lever, acheté aux représentants de la famille Starkie, finement restauré, conservé avec les

reliques personnelles de Crompton et présenté, comme un mémorial durable,
à la ville de Bolton . . Il est ouvert gratuitement, tous les jours. Vous y voyez
le vieux violon de Crompton, sa Bible, sa chaise et un modèle de son
Spinning Mule. Mais il y a bien d'autres choses encore. Des portraits anciens
et des gravures anciennes décorent les murs lambrissés et des meubles
anciens remplissent la pièce. Des lambris ont été apportés d'une ancienne
maison de Hare Street, près de Buntingford, et un plafond en plâtre finement
moulé copié de l'auberge « Old Woolpack », Deansgate, Bolton, démoli en
1880. Depuis la terrasse dallée en pierre du jardin, vous regardez jusqu'à
Bolton lui-même et les cheminées groupées dont l'obscurité affronte le ciel.

XII

IL y a deux façons de sortir de Bolton, vers Chorley et Preston ; connues individuellement sous le nom de Chorley Old et New Roads. L'ancienne route gravit des hauteurs venteuses et, bien qu'elle soit encore une route praticable, elle est d'un caractère tel que tout voyageur - n'étant pas un explorateur professionnel des anciennes routes - qui se trouve sur elle et aperçoit que la nouvelle route est plate, en contrebas, est profondément désolé pour lui-même. L'accès à cette ancienne route se fait par le groupe de maisons appelé Dorfcocker , où les « armes de la tempête » affichent la connaissance de la tempête et leur devise, « Loywf as thow » . Fynds » – et le long de Boot Lane. De là, une montée raide et régulière passe devant l'auberge « Bob's Smithy » et les cottages de Scant Row – bien nommé en raison de son aspect maigre et affamé – jusqu'à l'auberge « Horwich Moorgate » avec le titre subsidiaire de « Blundell Arms ». Une autorité a-t-elle indemnisé ces malheureuses auberges lorsque le trafic a été détourné vers la « Nouvelle » route ? Espérons-le, car cela les a privés – non pas de moyens de subsistance, sinon comment auraient-ils pu continuer à vivre ? – mais certainement de tout, sauf des plus simples moyens d'existence. Il reste encore un regard sur l'auberge «Moorgate» qui vous dit qu'elle n'a pas toujours été méchante en vendant de la bière aux paysans ou aux ouvriers des moulins. Hélas!

LES RÉSERVOIRS

Désormais, étant arrivé au sommet, et ne voulant pas rester sur cette hauteur balayée par le vent, il faut descendre : cela est une évidence. Mais cette descente ne se fait pas facilement. Vers Avernus, la transition est réputée facile et confortable : vers Horwich, où se rejoignent les anciennes et les nouvelles routes, c'est un martyre, surtout si elle est entreprise à vélo. Et ainsi, en descendant, prudemment et avec des prières et des malédictions alternées, par-dessus les gouffres et les ravins angoissants des paysages négligés de Chorley Old Road, jusqu'à la seule surface moins effrayante de Chorley New Road à Horwich, nous arrivons au deux centième mille de Londres jusqu'aux grands réservoirs en forme de lac de la Liverpool Waterworks, créée en 1848, s'étendant sur une longue distance le long de la route et occupant le site d' Anglezarke Moor. À une hauteur de 1 545 pieds s'élève la masse maussade de Rivington Pike, au fond, couronnée de son phare en maçonnerie. Il y a au moins deux douzaines d'autres réservoirs de différentes tailles là-haut, dans les vastes landes sombres où préside le Pike : réservoirs dans des solitudes dominant le cercle de villes animées comprenant Bolton, Bury, Wigan, Blackburn et Preston, et approvisionnant leurs eaux usées. besoins.

BROCHET DE RIVINGTON.

Les grands réservoirs qui bordent la route, clôturés par un vilain mur nain et une balustrade de fer, sont pleins de poissons et ressemblent à bien des égards à des lacs naturels ; mais le paysage, aussi audacieux soit-il, est broussailleux et dur, et les rares arbres ressemblent à ceux habitués à la végétation plus douce et plus luxuriante du sud, affamés. Mais si l'on a assez de courage pour suivre les charrettes de mangeurs de haricots de Bolton, qui préfèrent ces scènes, on trouvera un ravissant vallon boisé et une cascade à Dean, au-delà du village de Rivington.

RIVINGTON PIKE DEPUIS LA ROUTE.

MILES STANDISH

Cependant, ce n'est en aucun cas le chemin vers Chorley ; mais plutôt un accompagnement : quoique bien plus appétissant que la route principale elle-même. Chorley était à l'époque de Leland, il y a quatre cents ans, dans un dépotoir lugubre. « Chorle », note-t-il, en grand voyageur qu'il était, «

merveilleux pauvre, n'ayant pas de marché ». C'est là que votre Chorléien moderne sourit du sourire de sa valeur consciente, car l'endroit est l'antithèse de ce qu'il était alors et est merveilleusement riche et peuplé. En même temps, je ne trouve rien du tout à en dire, sinon cette continuelle histoire de filatures de coton, complétée ici par l'imprimerie en calicot. Il y a une ancienne église paroissiale, avec des reliques de Saint-Laurent, son saint patron, apportées de Normandie en 1442 par Sir Rowland Standish, et enfermées doublement derrière une vitre et une grille de fer ; et avec le banc à baldaquin élaboré de la famille Standish de Duxbury Park, à proximité . Les Standish comptent parmi leurs ancêtres des personnages aussi divers que ce fidèle écuyer, John Standish, qui a aidé à éliminer Wat Tyler ; et le bien plus célèbre Miles Standish, « un vieux capitaine de mer brutal, un homme non de paroles, mais d'actions », qui, né en 1584, a navigué avec les Pères Pèlerins vers l'Amérique à bord du Mayflower, en 1620. La paroisse *de* Chorley le registre des baptêmes de 1584, dans lequel son nom devait apparaître, est dégradé, ce qui conforte dans une certaine mesure la théorie selon laquelle sa prétention d'être l'héritier légitime du domaine de Duxbury était crainte par ses proches contemporains, qui sont ainsi soupçonnés de chercher à l'invalider. Quelles que soient ses chances de succès, il y renonça pour naviguer vers la Nouvelle-Angleterre, où il devint le plus connu de ces premiers colons, et trouva son apothéose dans La *cour de Miles Standish de Longfellow* . Le poète le représente comme le vieux gouverneur veuf de Plymouth, amoureux de Priscilla, et, à la fois trop timide et trop occupé pour faire l'amour lui-même, envoyant son jeune secrétaire, John Alden, lui-même amoureux de Priscilla, pour courtiser elle, « la plus belle jeune fille de Plymouth », par procuration. Le pauvre Jean poursuivit sa mission, comme on lui avait demandé, et l'accomplit loyalement. Mais en vain. Miles, dans les arguments de John, semblait avoir tout son avantage. C'était un grand homme, le plus grand de la colonie, et héritier de vastes domaines ; un gentleman, comme tous les Standishes, avec un coq d'argent, peigné de rouge et baronculé, pour armes, et tout le reste. Mais ces grands cadeaux n'étaient rien pour Priscilla, qui, pas plus que n'importe quelle autre fille, ne pouvait supporter les relations amoureuses avec un député, et, voyant la véritable situation des choses, demanda : « Pourquoi ne parles-tu pas pour toi-même, John ?

Un monument de 120 pieds de haut se dresse sur Captain's Hill, à Duxbury, à la mémoire de ce marin robuste mais timide, et lorsque les éléments sont bienveillants, il constitue un point de repère bien visible. Mais la pluie est votre part sous ces latitudes, et c'est peut-être la raison pour laquelle l'auteur de cet article, non seul dans ce handicap, n'a pas réussi à trouver cette « vue sur la mer » dont parle l'enseigne d'une auberge en bord de route sur la route de Chorley à Preston. Mais après tout, beau temps, mauvais temps, cela n'a rien d'étonnant, car mesuré sur la carte, à travers le pays le plus plat, il y a sept milles de là jusqu'à la mer.

Tout près, à droite, se trouve Whittle-le-Woods - il devrait y avoir des éléments d' humour dans le nom des Américains, cette nation de tailleurs - célèbre (célébrité strictement locale) pour ses sources alcalines, souveraine, dit-on, pour les affections rhumatismales, mais plus puissantes, semble-t-il, dans le brassage, car la « Whittle Springs Ale » – une sorte de stingo – s'impose à vous, sur enseigne et en thésaurisation, jusqu'à Preston.

Clayton Green est une colonie périphérique de Clayton-le-Woods, l'un des nombreux villages sans importance du quartier avec cette conjonction étrangère. Il n'y a rien à dire de Clayton Green, qui n'a de place dans ma mémoire que comme l'endroit où, par un été rigoureux, je me suis abrité sous les arbres ruisselants à l'entrée d'un parc et j'ai vu, en frissonnant, dans le souffle froid et humide, un insecte à cent pattes rampe joyeusement dans sa crevasse chaude et confortable entre les pierres des murs secs, hors de la journée misérable. Et le vent froid soufflait, la pluie tombait, et les moteurs passaient dans la neige fondante jusqu'aux chevilles de la route boueuse, et il y avait encore plus de huit kilomètres jusqu'à la périphérie de Preston.

PONT DARWEN ET WALTON-LE-DALE.

Le pont Bamber, où vous voyez, non pas le pont rustique traversant l'affluent du Ribble qui a conféré son nom à l'endroit, mais plutôt un passage à niveau ferroviaire très fréquenté et sale, se trouve aujourd'hui ; quelque chose qui ressemble à une ville animée de filatures de coton. Au-delà, la route mène au

Ribble lui-même et au pont Darwen, reconstruit en 1901, dernier successeur du pont original construit en 1366 et reconstruit en 1752.

Walton-le-Dale, le village de droite, semble un endroit assez paisible et il a peu d'histoire, mais il a failli être le théâtre d'une lutte sanglante entre catholiques et presbytériens lors du soulèvement du Vieux Prétendant de 1715. Près du toute la noblesse catholique du Lancashire s'était rassemblée pour aider les forces du prétendant, et la rébellion était presque sur le point de passer d'un conflit dynastique et d'un affrontement entre les idéaux Whig et Tory à l'affaire bien plus grave d'une guerre de religion. Le soulèvement des Tories et des Catholiques poussa à un antagonisme furieux les Whigs et les membres de l'Église basse, mais la plupart d'entre eux exprimèrent leur rage dans un langage violent. Ce n'était pas le cas du vaillant Boanerges de la chapelle dissidente de Chowbent , près de Bolton, qui non seulement crachait le feu et le massacre, mais prenait la tête de quatre-vingts membres de sa congrégation, qu'il conduisit au front ; le front étant le passage du Ribble, face à Preston. Là, le ministre assiégé – ce vaillant Parson Woods, « Général Woods » comme on l'appelait – posta ses hommes pour résister à la traversée de la rivière, et on dit qu'il avait dégainé son épée et juré qu'il transpercerait le corps du premier homme qui montrait des signes de timidité. Arrivé là-bas, armé uniquement de ce que Baines, l'historien du Lancashire, appelle des « instruments d'agriculture » — quelle belle expression, couvrant la laideur de la pauvre faux et de la bêche tordues ! — devant une forte force de rebelles, armés d' instruments . de guerre, ils étaient sans doute timides ; mais l'avancée audacieuse du général Wills sauva la situation, et Parson Woods n'avait aucune excuse pour se salir les mains. Mais le roi George Ier, reconnaissant son sérieux, envoya une gratification de 100 £, que Woods partagea rapidement entre ses hommes ; ils le cèdent à leur tour à la reconstruction de leur chapelle.

Au reste, il ne reste plus qu'à remarquer cette singulière épitaphe, datée de 1685, dans l'église de Walton-le-Dale, avant d'avoir franchi le pont de Preston :

« Ici repose le corps d'une vierge pure, mariée à l'homme de Jésus, Mme Cordelia Hoghton , dont vous connaissez la descendance honorable. Connaissez maintenant son ascension.

XIII

EN TRAVERSANT le Ribble et en regardant en arrière, la vue le long du vallon jusqu'à l'endroit où se trouve Walton est charmante ; mais avec l'extraordinaire expansion de l'industrie de la filature du coton du Lancashire et la construction ici de nombreuses nouvelles filatures, cela semble être un paysage au charme expirant. Les moulins se sont déjà répandus du nord au sud de la rivière.

Preston a toujours été connu comme « fier ». La vieille comptine disait :

Fier Preston,

Les pauvres,

Haute église,

Clocher bas.

Mais la rime est depuis longtemps dépassée. On hésiterait à déclarer que Preston est en quelque sorte pauvre, alors que le reproche que son église avait un clocher bas a certainement été écarté ces nombreuses années ; car la flèche de Saint- Werburgh est particulièrement belle et élevée, s'élevant à une hauteur de 303 pieds. S'il était nécessaire de trouver une origine à cette prétendue fierté de Proud Preston, je la chercherais dans le fait que la ville a toujours été la capitale du duché de Lancaster, et non dans l'histoire de ses dames qui se considéraient autrefois comme elles-mêmes. supérieur pour s'accoupler avec les commerçants du quartier .

« Proud Preston » occupe une position fière, sur un terrain élevé surplombant le Ribble et ses vastes appartements. Son nom, « Priest's Town », vient du fait que le site était la propriété d'un prieuré bénédictin autrefois situé ici, mais avant l'époque du prieuré, il était nommé « Amounderness », à cause de la crête, ou ness, alors, encore plus que maintenant, un objet frappant à travers les niveaux. Penwortham, de l'autre côté de la rivière, était à cette époque le lieu principal, car là se trouvait le grand château des comtes de Chester, qui garantissait la sécurité des gens paisibles contre les incursions des Écossais ; mais lorsque le comté de Lancastre devint un duché et que la défense centré à Lancaster, Penwortham s'est délabré et Preston est devenu peuplé. L'imprudence de cette démarche de l'autre côté de la rivière vers un site sans défenses solides fut immédiatement mise en évidence, car à peine Preston était-elle devenue une ville importante que les Écossais, sous Robert Bruce, vinrent et incendièrent la quasi-totalité de la ville.

Des chartes au nombre de quinze, allant de l'époque d'Henri Ier à celle de Charles II, ont été conférées à Preston ; principalement en reconnaissance de son importance en tant que capitale du duché de Lancastre ; et des privilèges souhaitables, tels que le droit de prison et de gibet, de charrette et de pilori, furent ajoutés, afin que Preston puisse traiter, tout à fait indépendamment de Lancaster, les cas qui se présentaient ici et qui exigeaient ces machines de justice.

Pourtant, elle fut toujours une ville prospère et active, comme le prouve l'ancienneté de ses corporations ; et subit des pertes considérables dans la guerre parlementaire, alors qu'elle fut le théâtre de deux luttes entre les royalistes et les têtes rondes. La première a eu lieu en 1643, lorsque les opinions des habitants étaient divisées et que des combats ont eu lieu dans les rues : la seconde en 1649, lorsqu'une armée royaliste, commandée par Sir Marmaduke Langdale et le duc de Hamilton, a été chassée de Clitheroe à Ribbleton Moor . , à la périphérie de la ville, par Cromwell, avec une force numériquement inférieure.

Le prochain avant-goût des temps de guerre eut lieu en 1715, qui semblait être une période très sérieuse pour Preston ; car dans la rébellion jacobite qui a rendu cette année mémorable, les citadins figuraient plus qu'une pensée trop importante en tant que sympathisants de la cause. Les rebelles anglais, tout comme les Écossais, ont fait de cette incursion depuis l'Écosse quelque chose de nouveau dans les annales émouvantes de ce genre de choses. Autrefois, les Écossais étaient venus du nord comme des ennemis ; maintenant, le vieux prétendant, « Jacques septième d'Écosse et troisième d'Angleterre », était proclamé à la croix du marché avec toutes les marques d'approbation, et l'hospitalité des citadins et les sourires des jeunes dames étaient accordés à ceux qui, selon lui, On pensait qu'ils allaient bouleverser « l'Électeur » à Londres.

LA RÉBELLION DE 1715

Cet accueil aimable provoqua un désastre pour les rebelles. Ils étaient arrivés à Preston le 9 novembre, mais, au lieu de marcher en avant et de se battre, ils passaient leurs précieux jours à festoyer et à flirter : et, comme cela s'est avéré, ces bourgeois hospitaliers et ces jolies filles formaient ce que les stratèges militaires pourraient appeler une « force de confinement ». Cela a été très utile aux armées royales qui se précipitaient pour affronter le plus proprement possible les rebelles capturés dans la ville de Preston. Les envahisseurs étaient au nombre de deux mille, mais il est typique de la mauvaise gestion de cette rébellion malheureuse que depuis le 6 octobre, lorsque les Jacobites de Northumbrie s'étaient rassemblés à Rothbury, leurs conseils étaient divisés. Plus tard, lorsqu'ils s'unirent à un corps de rebelles écossais et qu'ils marchèrent le long des frontières, puis jusqu'au Lancashire, il y avait peu d'autorité et aucune discipline. Les Écossais voulaient combattre en Écosse et les Anglais, de leur côté, refusèrent d'y mener la révolte. Ainsi, grogneurs et insatisfaits, ils sont venus vers le sud, sous la direction de Forster d' Etherston , élu « général », mais une personne sans capacité native ni connaissances militaires acquises, et simplement l'un des célèbres Forsters de Northumbrie de longue date ; moins célèbres en raison de leurs mérites que du fait qu'ils existaient dans le Northumberland depuis si longtemps et qu'ils possédaient un si grand nombre d'acres.

Découragés par la faiblesse de l'invasion, cinq cents insurgés partirent et repartirent chez eux. Les quinze cents restants furent renforcés à Preston par la noblesse catholique romaine du Lancashire, leurs serviteurs et locataires, au nombre de douze cents, mais ils semblent avoir été plutôt embarrassants qu'utiles.

Vers Preston, via Manchester et Wigan, vint le général Wills, au nom du roi George. Ses forces ne comptaient qu'un millier d'hommes, et si les envahisseurs avaient été commandés par un soldat, ou même par un civil doté d'un courage et d'une détermination ordinaires, il est possible que la rébellion de 1715 aurait réussi. Mais Forster était un type pitoyable. Il n'a même pas placé Preston dans un état de défense adéquat . Ce n'était pas une ville fortifiée, et des barricades furent érigées à la hâte à l'approche de Wills; mais on ne tira aucun avantage de l'excellente position défendable en avant de la ville, où la route était creuse et où le pont sur la rivière lui-même aurait pu être tenu avec succès par quelques-uns.

ÉVASION DE FORSTER

Forster, en apprenant la marche de Wills, fit certainement une chose plus extraordinaire que jamais aucun autre commandant militaire n'aurait fait à l'approche de l'ennemi : il se coucha ! Je crois que nous aurions pu le respecter davantage s'il s'était enfui. Comment se fait-il que les autres dirigeants, les comtes de Derwentwater et Kenmure, se soient contentés de le tirer de son lit et n'aient pas pris de mesures plus énergiques, est un mystère. Il valait peut-être mieux qu'ils l'aient fait ; car bien que la ville barricadée ait repoussé l'attaque lancée par Wills le 12 et lui ait effectivement infligé de graves pertes, Forster accepta de se rendre sans condition, et livrant Lord Derwentwater et le colonel Macintosh comme otages, livra effectivement la ville le 15. Pendant ce temps, les catholiques romains du Lancashire s'étaient enfuis et personne ne les avait vu partir.

Des combats à Sheriffmuir et ailleurs en Écosse suivirent avant que la rébellion ne soit écrasée, mais la capitulation à Preston marqua la fin de cette incursion sur le sol anglais. Quatorze cents prisonniers furent faits, dont beaucoup jouissaient d'une réputation considérable. Certains d'entre eux, officiers à demi-solde, furent traités comme des déserteurs et furent sommairement fusillés : des centaines furent consignés au château de Chester et ensuite vendus comme esclaves outre-mer ; mais ceux qui avaient été les esprits moteurs furent emmenés à Londres. Parmi eux se trouvaient les remarquables Forster, les seigneurs Derwentwater, Kenmure, Nithsdale , Carnwath , Widdrington, Wintoun et Nairn. Ils arrivèrent à Londres le 9 décembre ; à cheval depuis Highgate, les bras attachés derrière le dos, au son du tambour : une fausse « entrée publique », pour satire les espoirs qu'ils avaient exprimés, à une heure plus heureuse, d'une procession triomphale vers Londres.

Dans l'ensemble, le gouvernement a agi avec indulgence. Derwentwater et Kenmure furent exécutés, vingt-deux rebelles furent pendus dans le Lancashire et quatre à Londres ; mais Lord Nithsdale , échangeant des vêtements avec sa femme, s'enfuit de la tour, et d'autres furent autorisés à s'échapper, ou furent graciés après un intervalle.

Forster s'est échappé de Newgate grâce à une ruse ingénieuse, possible seulement à l'époque où les prisons étaient très semblables à des hôtels. Il avait fait entrer Pitts, le gouverneur, dans sa chambre et tous deux étaient assis là à boire du vin pendant que le domestique de Forster enfermait le gardien en chef dans la cave. Forster quitta alors la pièce, apparemment pour un instant, mais n'y revint pas, et le gouverneur, alarmé, se leva et se trouva enfermé. Déjà, tandis qu'il criait et frappait en vain contre l'épaisse porte de chêne, Forster et son fidèle serviteur avaient sortis de prison et se dirigeaient vers Rochford sur la côte d'Essex, d'où ils s'embarquèrent pour la France.

Forster ne prit plus part aux affaires publiques, mais voyagea en Italie et mourut à Rome en 1738. S'il avait montré à Preston un poste de général égal à celui de sa fuite, tout aurait pu bien se passer pour le prétendant.

La rébellion de 1745 fut plus proche du succès que celle de trente ans plus tôt, mais nous ne voyons pas Preston héberger et encourager les rebelles de cette époque dans la même mesure. La gaieté de Preston n'était pas, cette fois, pour eux. Mais à quoi consistait, après tout, cette gaieté ? Une grande partie, peut-être, à en juger par l'étendard des sauvages Highlanders, vient récemment de leurs vallons solitaires ; mais il semblerait que très peu de choses soient prises en compte au point de vue anglais, si les affaires que faisait alors le seul marchand de vin de la ville peuvent servir de comparaison. Il semblerait que le marchand qui approvisionnait Manchester vivait à Preston, lieu de villégiature de la noblesse, et qu'on lui demandait rarement de fournir plus d'un gallon de vin à la fois : et c'était une époque qui ne se lésinait généralement pas sur la boisson.

C'était alors une très petite localité et ne comptait guère plus de 6 000 habitants ; mais lorsque le système des usines fut introduit dans la fabrication du coton, celle-ci se développa rapidement et constitue aujourd'hui une grande ville de plus de 113 000 habitants. Rien d'autre ne nous montre plus clairement à quel point nous sommes éloignés de cette époque, dans les circonstances et dans l'esprit, que la simple juxtaposition de ces figures éloquentes, qui parlent bien plus éloquemment que l'écriture descriptive la plus passionnée.

PRESTON : HÔTEL DE VILLE, BIBLIOTHÈQUE PUBLIQUE
HARRIS ET MAISON DES SESSIONS

Il reste une certaine majesté dans les rues et les maisons de Preston : un environnement de « chef-lieu » aristocratique que toute l'expansion de l'industrialisme n'a pas réussi à engloutir : une apparence du XVIIIe siècle qui refuse calmement de disparaître. Les raffinements de la vie, dans la mesure où ils se reflètent dans de nombreux salons de thé et restaurants raffinés, ne manquent pas à Preston ; mais que l'étranger entre dans la ville un samedi soir, il verra une autre phase de son existence, car alors l'endroit est typique de toutes les villes du Lancashire lors de cette suprême occasion de marketing. Les rues sont remplies d'habitants de Preston et de tous les villages alentour : c'est une saturnale de marketing et de plaisir, où les boutiques brillamment éclairées, les tumulus et les spectacles se disputent la clientèle de milliers d'ouvriers de moulin de bonne humeur dont les salaires hebdomadaires font des trous dans leurs poches.

La mairie de Preston a longtemps été prééminente parmi les mairies du Lancashire et une source de fierté particulière pour les citadins, mais d'autres l'ont depuis éclipsé. Conçu par Sir Gilbert Scott, il ressemble à un épisode de la gare de St. Pancras, à Londres, également conçu par lui, inexplicablement égaré en province. Manchester, la plus grande ville, détenant, *bien entendu* , tous les tours, a, à juste titre, fait la sieste aux mairies, et a gagné la partie. Même à Preston, sa prééminence a depuis été contestée, car sur la même place se dresse l'immense bâtiment du Harris Institute and Public Library, conçu dans l'ordre architectural ionique : un contraste grec très sévère avec l'homosexualité des débuts anglais. de la Mairie. Mais il y a des concurrents encore plus récents, la Sessions House et la Poste, qui attirent l'attention. De ces deux, la première appartient à la Renaissance éclectique à la mode actuelle, tandis que la Poste est le produit du Bureau des Travaux, et n'a aucun style du tout. La grande place sur laquelle se dressent ces différents bâtiments est donc aujourd'hui une véritable exposition de méthodes architecturales incongrues et mutuellement destructrices.

"ANTIALCOOLIQUE"

En dehors de Preston, probablement pas une personne sur mille sait comment le mot « abstinence » est devenu populaire. On dit qu'il a été, à toutes fins utiles, délibérément inventé par « Dicky Turner », un ivrogne réformé qui, s'exprimant lors d'une réunion tenue en septembre 1833, au Old Cockpit, a déclamé avec véhémence contre les arguments des modérés. buveurs et insistaient sur l'abstinence totale. "Je n'aurai plus à faire face à cet engagement de modération", a-t-il déclaré: "Je serai à nouveau là-bas pour toujours et à jamais."

« Bravo », a crié l'assemblée, et le mot a été adopté, avec enthousiasme.

Il ne faisait aucune référence au thé, comme on le croit souvent, et n'était pas non plus le résultat d'une tentative bégayante du mot « total » ; car Turner n'était pas un bègue, mais était bien connu pour inventer des mots en cas d'urgence ; sans parler d'être l'auteur de ce que chez un Irlandais on appellerait des « taureaux » : dont ce qui suit est un exemple suprême. Parlant en faveur du mouvement de tempérance, il a déclaré : « Nous irons avec nos haches sur nos épaules et labourerons les grands abîmes, puis le navire de la tempérance naviguera vaillamment sur la terre. »

Une pierre du cimetière Saint-Pierre, à sa mémoire et à celle de ses collègues de leur cause, est inscrite

Sous
cette pierre sont
déposées les restes de
RICHARD TURNER,
auteur du mot TEETOTAL ,
appliqué à l'abstinence de toutes LES LIQUEURS ENIVRANTES ,
qui a quitté cette vie le 27 octobre 1846, âgé de 56 ans.

Ici – où *avez* -vous trouvé ce chapeau ? – vous voyez le spectacle effrayant (selon les idées modernes) qu'offrait Dicky Turner.

On observera que dans cette affirmation sur l'origine du « abstinence », il y a une qualification qui n'est généralement pas admise. Cette réserve est généralement négligée, mais elle est importante. Il est en effet le seul auteur du mot dans son application à l'abstinence totale, car il était alors bien connu en Irlande et on le retrouve dans les écrits de De Quincey et Maginn. Mais chaque histoire est bonne jusqu'à ce que la suivante soit racontée, et dans une autre version, la « non-totalité » aurait son origine dans la signature générale d'un engagement de consommation modérée d'alcool : ceux qui ont signé et se sont préparés à l'abstention totale ont ajouté un T, pour « total ». », à leurs signatures.

Pour conclure avec Preston, c'est ici que l'inspiration fut donnée à Focardi, alors sculpteur inconnu et nécessiteux, pour son groupe depuis longtemps célèbre, « You Dirty Boy !

Logant dans un modeste quartier de la ville, il fut témoin de la scène de la vieille femme frottant l'oursin qui se tordait et lui frottant le savon, et réalisant les possibilités humoristiques d'un tel groupe, il prit les deux comme modèles et se mit aussitôt au travail. Il n'aurait pas pu prévoir le prix de 500 £ auquel la statue avait été achetée, ni la célébrité publicitaire mondiale que lui avaient

donnée, en images et en répliques de statuettes en terre cuite, les propriétaires
du savon Pears.

XIV

LES vingt-deux milles entre Preston et Lancaster sont plus remarquables par l'excellence de la route que par l'intérêt du chemin. Lorsque vous avez atteint le passage devant Gallows Hill – ou ce qu'on appelait autrefois sous ce nom – où de nombreux rebelles de 1715 ont expié leur erreur de jugement, et que vous êtes arrivé à l'endroit où les tramways s'arrêtent, la route devient ondulée et est voisin , d'abord d'un côté puis de l'autre, par le chemin de fer et le canal de Lancaster. À Hollowforth, ce qui ressemble à une ancienne porte a été construit en 1853 à partir des pierres d'un vieil obélisque qui se trouvait autrefois sur la place du marché de Preston. La petite rivière Wyre est traversée deux fois, à Brock's Bridge et à Garstang. A Myerscough, où le pull-up était autrefois très éprouvant pour les chevaux, on peut lire l'inscription :

Pour soulager les souffrances
des animaux travaillant à notre service,
la montée raide de cette colline a été abaissée aux dépens de Mary et
Margaret Crossof Myerscough,
1869
APRÈS JC . Cet acte de miséricorde fait appel à tous les passants, pour qu'il
fasse également preuve de miséricorde envers
les créatures que Dieu a mises sous sa main

GARSTANG.

Garstang, qui se dresse plutôt bien sur la route, avec sa vieille auberge « Royal Oak » et sa vieille croix de marché, faisant allusion, de loin, à ceux qui s'occupent de ces choses, de jours meilleurs, était en fait autrefois un bourg.

Mais Garstang a survécu à son ancienne importance. Il fut un temps où elle possédait un maire et une corporation qui remontaient fièrement à 1314. Même en 1680, elle était suffisamment importante pour obtenir le renouvellement de son ancienne charte de constitution, mais elle a depuis longtemps perdu tous les vestiges de son ancien état. Les interférences du Conseil du Gouvernement Local balayèrent le Maire et ses subordonnés en 1883, et présentèrent à la place à Garstang un joli nouveau Town Trust. Tout cela semble très positif et merveilleux, mais l'homme ordinaire ne soupçonne que la différence entre Tweedledum et Tweedledee dans tout cela ; avec, bien sûr, les inévitables frais juridiques pour effectuer ce merveilleux changement.

À l'époque où Garstang faisait un important commerce de bétail, ce personnage singulier du XVIIe siècle, Richard Braithwaite, qui se faisait appeler « Barnaby ivre », arrivait en titubant, avec sa peau habituelle, en provenance de Lancaster.

De là à Garstang, je vous en prie, écoutez-le,

entre dans un grand marché aux bêtes ;

Pendant que je courais dans la rue

"C'était ma chance de rencontrer

Une jeune génisse, qui avant elle

M'a pris et m'a jeté sur elle.

Il y a deux blagues appartenant à Garstang. L'une est l'église paroissiale, située à un kilomètre et demi de là, dans une situation isolée, et l'autre est le chemin de fer qui traverse ici la route. Aujourd'hui, ceux des habitants à qui le temps presse lourdement hantent la rue avec la ferme intention d'infliger la Grande Blague du Chemin de fer à l'étranger sans méfiance qui, peut-être, s'arrête pour examiner la croix. Ils le fixent, comme le faisait l'ancien marinier, invité au mariage, avec leurs yeux brillants ou chassieux, selon le cas, et d'une voix rauque et pointant du doigt, ils lui demandent s'il voit ce chemin de fer. Assuré que oui, vient alors la réponse, avec des rires étranges : « le chemin de fer le plus long d'Angleterre, le « Garstang and Not End ». » Maintenant, le « Garstang and Knott End Railway » est probablement le plus court, ne mesurant pas tout à fait sept milles. de longueur : d'où ce prodigieux funniment . Cependant, là où cela se termine, c'est à Pilling. Un jour , lorsque l'extension de cinq milles projetée depuis longtemps jusqu'à Fleetwood et une jonction avec le chemin de fer là-bas seront accomplies, la plaisanterie s'éteindra et l' humour de Garstang se plongera dans la nuit la plus noire.

« CHEVAL DE BAIE »

Au-delà de Garstang, les Bleasdale Fells apparaissent, à droite. L'ancienne importance de la route, avant le chemin de fer qui offre maintenant un service si rapide et si fréquent, se voit dans les différentes auberges le long du chemin. Il existe les auberges « New Holly », « Middle Holly » et « Old Holly » ou « Hamilton Arms ». Le « New Holly », à Forton, remplace une maison plus ancienne du même nom, toujours debout, à Hollins Hill, sur la gauche, sur l'ancienne route devenue inutilisable en 1825. Même la gare ferroviaire « Bay Horse » en bord de route tire son nom d'une auberge qui servait autrefois de vestiaire pour les autocars. En 1825, l'auberge « Bay Horse » fut fermée et rouverte en 1892.

Galgate et Scotforth n'exigent aucune attention, sauf que le premier semble avoir obtenu son nom de « Gaelgaet » , un passage pour les Gaels, ou Écossais, et que le nom de Scotforth a une signification similaire. Car nous arrivons maintenant à proximité d'un pays qui autrefois était toujours en proie aux raids frontaliers : le quartier que le château de Lancaster, au passage facile de la Lune, a été construit pour défendre.

XV

LANCASTER est un beau nom, pour peu qu'il soit prononcé comme il se doit ; mais le voyageur qui peut être un peu connaisseur en beaux noms de lieux anciens est un peu choqué de trouver la ville connue localement sous le nom de « Lankystir » et le comté sous le nom de « Lankyshire ». La vieille histoire émouvante du lieu se flétrit et s'affaisse dans cette horrible prononciation.

Après tout, il y a beaucoup de choses dans un nom. Un « homme du Lancashire » a une consonance commerciale : on y décèle le craquement d'une pièce de monnaie, et cela a, en vérité, une pertinence moderne, car le Lancashire n'est aujourd'hui rien sinon commercial. Appelez-le cependant « Lancastrien », et il devient immédiatement, pour l'imagination, un guerrier assiégé digne de figurer, avec toutes les circonstances de la chevalerie, dans la guerre des Deux-Roses.

LANCASTER.

Il reste encore quelques traces de l'antiquité romaine de Lancastre, dans le château — le château sur la rivière Lune, qui a donné son nom au lieu — mais c'est dans les circonstances normandes et médiévales qu'il figure principalement. Le château, le tout début et l'origine de Lancastre, se dresse sur une colline audacieuse s'élevant au-dessus de la Lune dans une situation si commode pour la défense que la nature aurait presque pensé à le fournir à cet effet, et représente la forteresse construite par Roger de Poictou , qui détenait tout le Lancashire depuis Guillaume le Conquérant. On ne peut savoir exactement quelle part du castrum romain autrefois formidable il a trouvé ici, car les Normands étaient plus déterminés à conquérir et à assurer leurs succès militaires avec des forteresses qu'à préserver les antiquités. Le culte de l'antique n'était en effet pas encore né ; et lorsque, vers 1094, le grand Roger commença à construire le sinistre donjon qui reste encore l' élément principal du château de Lancaster, il n'épargna rien en ce qui concerne les autels romains et les reliques sculptées qui pourraient en quelque sorte lui servir. Pour lui et ses bâtisseurs, ils étaient des reliques de choses anciennes, oubliées, déjà mortes et damnées par le paganisme et la domination romaine, certaines depuis six cents ans : une période aussi lointaine, par exemple, depuis nos jours jusqu'à celle d'Édouard II. , ce qui ne nous semble pas négligeable.

Ainsi, dans les fondations des murs immensément épais de son château, et dans les noyaux de décombres de ceux-ci, se trouvaient de nombreuses pierres portant des inscriptions romaines que les antiquaires seraient désormais très prisées. La tour d'Adrien, avec la tour du puits, a été construite à l'époque romaine : la première dès 125 après JC , et la tour du puits en 305 APRÈS JC , par Constance Chlorus. Roger le Normand semble les avoir réparés et complétés. À l'époque romaine, le sous-sol de la tour d'Adrien était un endroit où était moulu le maïs destiné à la garnison. Plus tard, elle devint une boulangerie et, depuis 1892, un musée. Lors des fouilles de 1890, un vieux plancher et une quantité considérable de détritus furent enlevés, jusqu'à une profondeur de huit pieds et demi, révélant le niveau d'origine. Au cours de ces travaux, une partie de la meule romaine pour moudre le maïs a été découverte, et elle subsiste ici, en compagnie d'objets aussi divers qu'un autel romain, trouvé dans les fondations du Shire Hall en 1797 ; quelques piques capturées aux rebelles écossais de 1715, interdisant les guirlandes de chaînes, et une « chaise de fou », équipée de boulons et de chaînes, comme on en utilisait à l'époque où les sombres chambres basses du donjon servaient d'asile d'aliénés du comté, et , ainsi que le traitement effrayant réservé aux fous, n'ont servi qu'à les confirmer dans leur folie. Il y a en effet des choses très effrayantes dans cette ancienne forteresse, lieu de jugement et prison du château de Lancaster, qui a été tout, depuis la demeure des rois jusqu'à la prison des débiteurs et la prison du comté .

Il existe toujours en tant que Shire Hall, Sessions House, cours d'assises et prison . Parmi les sites macabres du château se trouvent les cachots de la tour du puits, les uns au-dessous des autres, dans le sous-sol, où les prisonniers gisaient dans l'obscurité, fixés au sol par les anneaux de fer qui subsistent encore. La toiture du donjon supérieur témoigne du mode de construction. La terre ayant été d'abord recouverte d'une couche solide d'osiers ondulés, on y coula ensuite du ciment liquide, et en séchant, on formait une masse compacte.

La terre était alors facilement creusée sous le toit ingénieusement construit. Il reste encore quelques osiers.

MARQUE DE MALEFACTEUR

Des ressources judiciaires plus modernes sont visibles dans la Drop Room et dans la Crown Court elle-même, où, à l'arrière du quai, on peut encore voir le « Holdfast » et le fer à marquer autrefois utilisé pour marquer les malfaiteurs d'un M sur le muscle du pouce gauche. L'opération a été réalisée au tribunal et le succès de celle-ci a été annoncé par le chef des geôliers dans la formule : « Une bonne note, mon Seigneur !

"UNE MARQUE JUSTE, MON SEIGNEUR."

Les souvenirs tragiques du château de Lancaster vont des actes de sang médiévaux jusqu'aux exécutions de prisonniers capturés lors des rébellions jacobites, et aux exécutions tout simplement sordides depuis qu'il était une prison . De 1799 à 1889, lorsque le château a cessé d'être une prison pour tout le Lancashire, pas moins de 228 criminels y ont été pendus.

C'est un visiteur chanceux qui vient à Lancaster à l'ouverture des assises (à moins qu'il ne vienne pour son procès), car les temps anciens revivent dans le spectacle de la réception des juges par les hommes de javelots, dans leur costume bleu et jaune, qui escortez-les jusqu'à leur logement et soyez présent à la cour à l'ouverture de la commission d'Oyer et de Terminer.

L'approche impressionnante du château de Lancaster se fait par la porte de John o' Gaunt, l'une des nombreuses œuvres ajoutées par ce personnage historique, le « Lancaster séculaire » de Shakespeare , lorsque son père, Edward III, le créa duc de Lancaster et l'éleva. Lancashire en conséquence de l'état du comté Palatin. Le « séculaire » lui-même se tient en effigie dans une niche au-dessus de la porte. On voudrait croire que la statue lui est contemporaine, mais les guides, dont aucun secret désobligeant n'est caché, racontent la décevante histoire qu'elle ne date que de 1822.

JAVELIN-HOMME.

CHÂTEAU DE LANCASTER.

« COIN FER À CHEVAL »

John o' Gaunt n'est pas à éviter à Lancaster, au château ou en ville. On le trouve, en effet, un peu partout dans le pays, car il n'était pas seulement duc de Lancastre (même si ce n'était pas une mince affaire), mais il possédait des manoirs dans presque toutes les régions de l'Angleterre. De plus, c'est de lui qu'est née la Maison de Lancaster, la Rose Rouge, dont les luttes avec la Rose Blanche Yorkiste forment une série si longue et si sanglante de chapitres de l'histoire anglaise. Ici, à Lancaster, depuis « John o' Gaunt's Chair », la tourelle la plus haute du donjon du château , jusqu'à Horseshoe Corner, le grand duc est partout et figure sur les cartes postales, la porcelaine et les cuillères en argent avec une belle impartialité. Horseshoe Corner est un croisement de rues par ailleurs banal où, au milieu de la chaussée, un fer à cheval est inséré. Il est le représentant, à ce long intervalle de temps, d'un fer coulé sur place par le cheval de John o' Gaunt, et se renouvelle tous les sept ans.

L'église Sainte-Marie, attenante au château, et séparée de lui seulement par ce triste endroit de la terrasse où les criminels étaient pendus lors des exécutions publiques, est une belle construction audacieuse de caractère perpendiculaire, et peut-être pourrait-on en dire beaucoup sur cela sur le plan architectural ; mais il m'intéresse surtout parce qu'il contient un cuivre commémoratif, maintenant très en mauvais état, dédié à Thomas Covell, gouverneur du château depuis quarante-huit ans, coroner depuis quarante-six ans et six fois maire de Lancaster. Il mourut en 1639, âgé de soixante-dix-huit ans, et fait l'objet du vers éloge suivant :

Cessez, cessez demain , toutes les larmes sont vaines pour aider,

Hee enfui , pas mort; dissous, pas détruit .

Au ciel, son âme repose, son corps ici

Il dort dans cette poussière, et sa renommée est toujours où

Triomphes ; la ville , la campagne plus loin,

La terre partout proclame sa noble valeur.

Parle d'un homme donc gentil , tellement courtois,

Si libre et en tout cas magnanime,

Cette histoire racontée en grand ici, voyez-vous,

Résumé en bref : Covell était là .

Il est représenté debout, les mains jointes en prière ; une longue robe ouverte sur le devant, révélant ses hautes bottes militaires.

Un bon camarade geôlier

Aucun garçon plus joyeux que le bon Covell n'a jamais présidé un donjon et une petite facilité. Les prisonniers qui avaient la chance d'être envoyés au château de Lancaster l'utilisaient comme maison de campagne ; et, pour qu'ils donnèrent équitablement leur parole de revenir, ils allaient et venaient à leur guise. Certains d'entre eux, c'est pour dire. Les récusateurs papistes étaient sûrs de la meilleure attention, et l'évêque de Carlisle, écrivant avec une certaine chaleur sur le sujet, déclara « qu'ils ont la liberté d'aller quand et où ils veulent ; chasser, fauconner et aller aux courses de chevaux. Profitant de la vie lui-même, Covell était bienveillant envers les autres de même tempérament. Pour Burton, cependant, l'un des puritains envoyés au château de Lancaster pour se faire couper les oreilles, ce gouverneur plein d'entrain était un « homme bestial ».

« Drunken Barnaby » n'était pas de cet avis. Sans aucun doute, tous deux burent ensemble de nombreuses caboches ; Barnaby l'écrivant...

Un Jaylor mûr et moelleux

Le monde n'a pas un tel homme.

John Taylor, le soi-disant « poète de l'eau », qui, lors de son « pèlerinage sans un sou » à Édimbourg et retour, a imposé un péage sur les tables hospitalières de nombreux hommes, raconte comment

Le Iayler avait une Inne, de bons lits, bon courage ,

Où, ne payant rien, je n'ai rien trouvé ici ;

et enfin il était tout à fait, en amateur, ce qu'était professionnellement son frère, qui tenait l'auberge « George », dans la ville ; et, chose étrange à dire, sa femme n'était pas moins hospitalière que lui.

Nous ne sommes pas habitués à considérer Lancaster comme un port maritime, mais il était autrefois bien plus important à cet égard que Liverpool lui-même. Certes, c'était il y a bien longtemps, mais pas si, très loin : pas plus loin, en fait, que l'époque de Charles Ier, qui, en prélevant ce qu'on a appelé l'impôt « répréhensible », mais quel impôt n'est pas , au contribuable ? — de Ship Money, a évalué Lancaster à 30 £, Liverpool à 25 £ et Preston à 20 £. Ce que Manchester a réalisé laborieusement et coûteusement dans son canal maritime pourrait être réalisé plus facilement et à moindre coût par Preston et Lancaster, situés plus près de la mer : et sans aucun doute un moment viendra — mais cela ne nous concerne pas. Pendant ce temps, il y a du saumon dans la Lune, comme les promeneurs le long de la rivière près de Crook o' Lune peuvent le découvrir, et Lancaster ne sait encore rien des grands quais commerciaux. Cependant, avec les développements modernes, le conseil municipal a ressenti le besoin d'une devise d'arrondissement. "L' honorable Lancaster" a été suggéré, mais le Heralds' College, soucieux d'exactitude, soulignant que cela faisait référence à John o' Gaunt et non à la ville, a suggéré à la place "Luck to Loyne" ; et par conséquent, c'est « Chance pour Loyne ».

La plus belle vue de Lancaster est celle du pont Skerton traversant la rivière Lune à un point où le château et la vieille église de Sainte-Marie se groupent finement sur la colline du château et forment à juste titre les objets les plus importants, aussi historiques soient-ils. Malheureusement pour la vue, les développements ferroviaires ont largement contribué à détruire sa majestueuse simplicité. Un pont ferroviaire du plus atroce type à poutres en treillis, traversant le point connu sous le nom curieux de « Green Ayre », coupe en deux le plus beau tableau, et un certain nombre de voies d'évitement ont aboli les rives verdoyantes de la Lune pendant une bonne période. distance et forment des voisins indésirables avec la beauté envoûtée de Ladies' Walk.

Skerton , qui relie la route de Lancaster à Carlisle, a remplacé en 1900 l'ancien pont de Lune construit en 1788, qui lui-même remplaçait une structure beaucoup plus ancienne.

Mais l'esprit commercial s'est emparé du Lancaster historique et des usines de toutes sortes ont poussé leurs cheminées vers le ciel. La fabrication de toiles cirées à la main a débuté il y a de nombreuses années, dans un ancien hangar loué par un compagnon peintre en bâtiment, du nom de Williamson. L'entreprise a rapidement prospéré et s'est développée pour devenir un commerce de gros générateur de richesse. Le fils du compagnon peintre est désormais le baron Ashton, au grand mécontentement de nombreux jaloux qui donnaient un travail à son père à l'époque des petites choses. C'est un roman d'industrie qui a contribué à changer l'apparence de Lancaster, la ville de campagne calme et grave d'autrefois. Il y avait jusqu'à ces dernières années une haute terre austère et aride connue sous le nom de Lancaster Moor, surplombant la ville : elle est maintenant transformée, avec ses arbres et ses arbustes, en « Parc Williamson ». Un immense nouvel hôtel de ville est également un produit de Williamson, et surplombant tout Lancaster et éclipsant l'importance du vieux château lui-même, un gigantesque épouvantail appelé "Ashton Memorial" arrête le regard de loin et de près, comme un Saint-Paul. dôme au sommet de la colline. En entrant dans Lancaster par le nord, vous ne pouvez pas plus manquer de le voir que vous ne pourriez manquer de voir Saint-Paul depuis Ludgate Hill. Les touristes américains demandent, à leur manière pittoresque : « Qui diable l'a construit ? » et on leur dit qu'il est construit pour l' honneur et la gloire de la famille

Williamson. Cela suscite de terribles pensées sur ce qui pourrait encore être réservé aux lieux historiques de la vieille Angleterre, lorsque chaque fabricant anobli de papiers peints, de tuyaux d'évacuation et autres estimera que les mérites de sa race exigent une publicité aussi importante que ses marchandises. .

XVI

LA banlieue de Skerton , du côté nord du pont de Skerton , mène au hameau de Slyne , perché sur une colline surplombant la baie de Morecambe. Le nom de lieu « Slyne » semble aussi désagréable imprimé que les noms personnels de Silas, Matthias ou Jabez, et sa signification, comme celle des noms de lieux similaires « Slindon » et « Slinfold », dans le Sussex, semble avoir échappé à la recherche. Un vieux manoir pittoresque, maintenant une ferme, avec une étrange porte inscrite

GC
M1681,

se dresse face à la route et, avec l'ancienne auberge « Cross Keys », datée de 1727, comprend presque tout ce qu'il y a de Slyne . Voici le virage à gauche vers Hest Bank, sur la rive de la baie de Morecambe, d'où les vieux voyageurs , très audacieux, ont pris un raccourci à travers les dangereux sables mouvants à basse mer, vers Grange et Cartmel, au lieu de suivre le chemin détourné de Carnforth . et Milnthorpe. Le Lancashire est ici divisé en deux parties séparées et distinctes, Lonsdale au sud des sables et Lonsdale au nord ; un grand coin de Westmorland entre les deux.

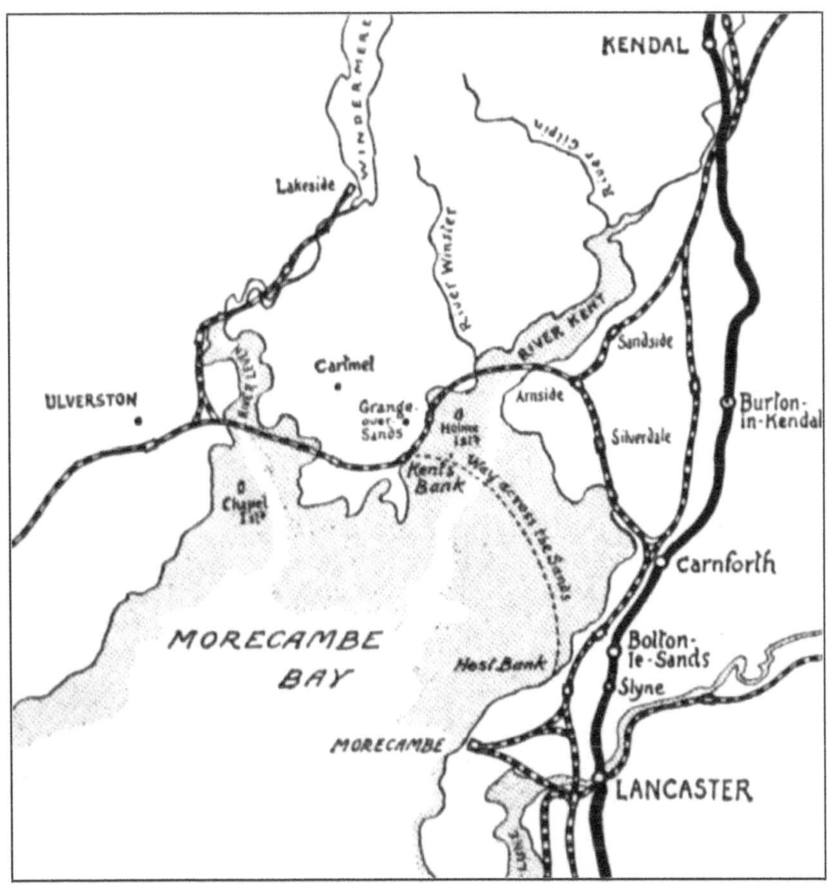

CARTE DE L'ITINÉRAIRE « SUR-SABLES ».

PAYS DES LACS

La géographie du quartier entourant Lancaster n'est en aucun cas simple. C'est un pays bordant la mer, qui s'avance çà et là dans la terre, sous la forme de grandes baies sablonneuses et de longs estuaires en forme de langues de rivières courtes mais turbulentes qui, prenant leur origine comme torrents de montagne au milieu des sombres hauteurs. des collines et montagnes éternelles de Lakeland, ont leurs humeurs soudaines, dictées par la fonte des neiges et par les tempêtes de pluie. Le paysage lointain dans le voisinage de Lancaster est toujours enfermé par les hauteurs des montagnes, et les rives plates de la baie de Morecambe paraissent plus plates , et les collines lointaines semblent plus accidentées, dans ces divers contrastes.

Un nombre considérable de ces petites rivières descendent des lacs jusqu'à la mer : la Lune, la Kent, la Keer, la Winster , la Leven, la Crake et la Duddon.

La route vers Kendal et Carlisle évite tous les estuaires et continue sans incident ; mais les voyageurs qui souhaitaient passer rapidement entre Lancaster, Furness et Ulverston n'avaient d'autre choix que d'emprunter leur chemin périlleux « Over Sands », à travers la baie intérieure de la baie de Morecambe, à marée basse. L'alternative était la fâcheuse et autrefois la dangereuse, celle de parcourir un long chemin extravagant par Milnthorpe, Crosthwaite et Newby Bridge, sous Whitbarrow, où les perfides mousses, presque aussi dangereuses que les sables du bord de mer, se répandaient et où les voleurs de bétail anarchiques et désespérés se cachaient. Confrontés à ces problèmes, les voyageurs d'autrefois choisissaient généralement les sables.

« SUR-SABLES »

L'histoire des « Lancaster Sands », comme on les appelle souvent, est romantique et mélancolique. La traversée dangereuse a été effectuée entre Hest Bank et Kent's Bank, sur une distance de onze milles, sur une étendue sablonneuse humide qui a douze pieds de profondeur dans l'eau de mer, à marée haute. À l'époque du voyage ferroviaire, et depuis 1864, date à laquelle le chemin de fer d'Ulverston et de Lancaster a été ouvert, la route Over-Sands est moins fréquemment utilisée, et principalement par les charrettes des agriculteurs et par les touristes curieux ; mais dans tous les siècles précédents, cela était nécessaire, et de grandes précautions furent prises pour assurer, dans la mesure du possible, la sécurité des voyageurs .

Les sables sont mentionnés pour la première fois par Tacite, dans son histoire de la deuxième campagne menée par Agricola contre les Brigantes occidentaux , les tribus habitant Furness et le district détaché du nord du Lancashire, maintenant connu sous le nom de North Lonsdale. Les Romains, avec leur minutie et leur prudence habituelles, semblent avoir construit des chaussées traversant les estuaires du Kent, du Leven et du Duddon, considérablement sur la côte par rapport à la route exposée d'Over-Sands et quelque peu sur le tracé des ponts ferroviaires actuels ; mais les traces de leur travail sont désormais très rares.

La référence historique suivante n'apparaît qu'en 1325, lorsque l'abbé de Furness demanda au roi que sa juridiction puisse être étendue dans ce district, pour comprendre les Leven Sands, qui étaient si dangereux que de nombreux voyageurs, seize à une occasion, et six sur un autre, il avait été rattrapé par la marée et s'était noyé. Sa requête fut accordée, et l'abbé établit, sur une île à mi-chemin de l'estuaire, une petite chapelle dans laquelle les moines priaient vingt- quatre heures sur vingt-quatre pour le salut, ou pour les âmes, selon le cas. de ceux qui cherchaient à traverser. Il est cependant difficile de supposer que les privilèges de l'abbaye auraient été ainsi étendus si l'aide aux voyageurs avait été simplement celle des prières. Une note plus pratique était l'ajout d'un phare, ou tour de balise, à la chapelle, combiné à la volonté des moines de guider les étrangers. Depuis 1820, le guide de Leven Sands reçoit un salaire annuel de 22 £ du duché de Lancaster, ainsi qu'une concession de trois acres de terrain. Il bénéficie en outre, en vertu des dispositions de l'Ulverston and Lancaster Railway Act de 1851, d'une somme supplémentaire de 20 £ par an, en compensation de la perte de droits causée par l'ouverture du chemin de fer ; car bien qu'il soit un fonctionnaire public, il recevait généralement des cadeaux et des honoraires de libre arbitre de la part de ceux qu'il guidait à l'époque pré-ferroviaire.

Le voyage le plus long , de Hest Bank à Kent's Bank, était sous la garde particulière du Prieuré de Cartmel, qui, dès le début, entretenait un guide officiel qui était payé grâce à une subvention faite au Prieuré sur Peter's Denier dans ce but particulier. d'accomplir ce service public. Ici, les voyageurs bénéficiaient également des prières des moines, dont ils avaient en réalité souvent besoin.

Cette fonction très nécessaire de guide ne tomba en aucun cas en décadence avec la dissolution des monastères sous Henri VIII. Les dépenses étaient à la charge du duché de Lancastre : « le Carter sur le Kent », comme on appelait le guide, payé 20 £ par an par le receveur général, et le guide pour le passage plus court du Keer étant payé 10 £. Le Carter a sans aucun doute accompli son devoir, mais les Sands réclamaient de temps en temps leurs victimes. Ainsi, dans les registres de Cartmel, on peut lire les inscriptions tragiques suivantes :

" *1576, 12 septembre.* Un jeune homme enterré , qui s'est noyé dans le brodwater . "

« *Le 1er août 1582* , fut enterré un fils de Leonard Rollinson, de Furness Fell, noyé à Grainge, le 28 juillet .»

« *1610, 4 février* , John Ffel , fils d'Augustine, de Birkbie , se noie sur Conysed Sands. »

« *10 août 1630* , Wm. Mieux encore, monsieur, noyé à Melthorp Sands.

Les registres de Cartmel témoignent à eux seuls de plus de 120 personnes ayant perdu la vie en traversant les canaux de ces rivages traîtres.

La course des guides laïcs à travers le Kent a commencé, après la reddition du Prieuré de Cartmel, avec Thomas Tempest. Le fils succéda à son père dans la fonction, mais ils semblent être devenus peu après Carters ; ayant probablement adopté le nom de leur titre officiel.

Le poète Gray, visitant la Lake Country en 1769, raconte l'histoire pathétique d'une famille rattrapée par les brumes à mi-chemin de l'autre côté des Sands : « Un vieux pêcheur m'a raconté, dans son dialecte, une histoire émouvante, comment un frère de métier — un cockler , comme il l'appelait — conduisant une petite charrette avec ses deux filles (des femmes adultes) à bord, et sa femme à cheval qui le suivait, partit un jour pour traverser les Sables, comme ils avaient l'habitude de le faire fréquemment (par exemple). personne dans le village ne les connaissait mieux que le vieil homme). À mi-chemin, un épais brouillard se leva et, à mesure qu'ils avançaient , ils trouvèrent l'eau beaucoup plus profonde qu'ils ne l'espéraient. Le vieil homme était perplexe. Il s'arrêta et dit qu'il ferait un petit bout de chemin pour trouver une marque qu'il connaissait. Ils restèrent quelque temps pour lui, mais en vain. Ils ont appelé à haute voix, mais aucune réponse. Enfin les jeunes femmes pressèrent leur mère de réfléchir à l'endroit où elles se trouvaient et de continuer leur chemin. Elle ne quitterait pas les lieux. Elle errait, désespérée et étonnée. Elle ne voulait pas quitter son cheval et monter dans la charrette avec eux. Ils décidèrent, après beaucoup de temps perdu, de rebrousser chemin, et se livrèrent à la conduite de leurs chevaux. La femme aînée fut bientôt emportée par les eaux et périt. Les filles s'accrochaient à leur charrette, et le cheval, tantôt pataugeant, tantôt nageant, les ramenait à terre vivantes, mais insensées de terreur et de détresse, et incapables pendant plusieurs jours de rendre compte d'elles-mêmes. Les corps des parents ont été retrouvés au reflux suivant, celui du père à quelques pas de l'endroit où il les avait laissés.

SABLES DE LANCASTER.

On se souvient encore de l'histoire de l'époque où les autocars traversaient Grange Sands à marée basse, un passager extérieur perdait son portemanteau et sautait avec enthousiasme après lui, se retrouvant à moitié englouti dans les sables mouvants perfides . Il aurait probablement péri si le gardien, habitué des lieux, n'était pas venu à son secours et ne l'avait tiré de là, avec un « gloussement » retentissant, semblable au bruit qu'on fait lorsqu'on tire un bouchon.

TRAGÉDIES DES SABLES

Mais une affaire plus grave fut celle de 1811 129 , lorsque la voiture d'Over-Sands, l'étape de Lancaster, fut renversée dans le canal de Kent, à cause des chevaux devenus rétifs. Ils arrêtèrent la voiture, et le courant emportant le sable sous les roues d'un côté, toute l'affaire se retourna complètement. C'était presque une tragédie, car il y avait quinze passagers, à l'intérieur comme à l'extérieur, jetés patauger dans le sable et l'eau dans un endroit très dangereux. Une jeune femme, flottant sur des vêtements volumineux sur la Manche, a été attrapée par le garde, et les passagers se sont blottis les uns contre les autres sur le côté de la voiture renversée ; mais tous les bagages en vrac ont été emportés et perdus, et deux chiens d'arrêt se sont noyés. Les passagers furent amenés à terre sur le dos des chevaux de carrosse, ces derniers n'étant pas trop tôt descendus ; car la voiture s'enfonçait peu à peu, et finissait par être complètement engloutie dans le sable.

Le major Bigland a échappé de justesse, qui traversait un soir sombre dans son cabriolet en provenance de Lancaster, avec l'intention d'atteindre Cartmel. Il s'est plutôt dirigé vers la mer et, ce n'est que par une extrême chance qu'il a réussi à atterrir près de Conishead . Une chaise de poste a été perdue et le facteur et l'un des chevaux se sont noyés près de Hest Bank en 1821, et en 1825, la voiture Lancaster a été renversée à mi-chemin et un cheval s'est noyé. Les passagers n'ont été sauvés que difficilement. En 1832, le même car fut coulé dans des sables mouvants. Beaucoup plus tard, en 1846, neuf joyeux vacanciers, revenant de la foire de la Pentecôte à Ulverston, se rendirent dans un endroit dangereux près de Black Scar, sur les Leven Sands, et furent tous immédiatement noyés. Un désastre similaire se produisit pour un groupe de sept personnes. des ouvriers agricoles traversant les Kent Sands jusqu'à Lancaster en 1857, l'année de l'ouverture du chemin de fer Furness et de l'arrêt de l'autocar Over-Sands. Dans tous les cas, les corps ont été facilement retrouvés ; ce qui rappelle la sombre histoire racontée par un ancien marin qui, à la question de savoir si des guides avaient déjà été perdus sur le sable, a répondu avec simplicité : « Je n'ai jamais connu de perdus. Il y

en a un ou deux noyés, de temps en temps, mais on les retrouve généralement
à marée basse.

Vers 1785, un carrosse fut mis en service entre Ulverston et Lancaster,
traversant quotidiennement les sables. La scène de sa traversée était curieuse.
Le Carter, à cheval, le dirigeait et suivait généralement dans son sillage un
certain nombre de charrettes et autres véhicules de campagne, formant un
cortège assez semblable à une caravane orientale traversant les déserts
d'Arabie. Les conseils du Carter étaient absolument nécessaires, car même si
la piste pouvait à chaque reflux être repoussée par une multitude, la marée
montante en effaçait inévitablement toute trace, et les canaux se déplaçaient
constamment. Un récit contemporain raconte : « Le Carter semble être un
homme joyeux et agréable. Il portait un gros manteau et une paire de bottes,
et était monté sur un bon cheval, qui semblait avoir été dans l'eau jusqu'aux
côtes. Lorsque nous arrivâmes près de lui, il nous recommanda d'attendre
l'arrivée de la voiture, qui se trouvait à près d'un mille de distance, car la marée
serait alors plus basse. Lorsque le carrosse arriva, nous prîmes l'eau en
procession, et traversâmes deux canaux dans l'un desquels l'eau arrivait
jusqu'au ventre des chevaux. La voiture passa sans la moindre difficulté, tirée
par de beaux et grands chevaux. Arrivés de l'autre côté, le Carter a reçu nos
pourboires et nous avons continué notre route en restant à proximité d'une
ligne de tiges plantées dans le sable pour indiquer la piste. La chaîne passe
rarement deux jours ensemble au même endroit. Vous réaliserez peut-être le
tableau un jour, et avant que l'encre ne soit sèche, elle aura bougé.

Un témoignage suffisant des dangers des sables réside dans le fait que ceux
qui les ont le mieux connus ont toujours été ceux qui les redoutent le plus,
ainsi que la « cruelle marée rampante » qui, avec le changement du vent, peut
facilement se transformer d'une marée rampante. à un galop sifflant et
bouillonnant à travers les plaines périlleuses.

C'est le cri de l'ennemi qui approche,

   Chevauchez, chevauchez pour votre vie, Sir John ;

Mais les eaux devenaient toujours plus profondes

   L'écume sauvage de la mer se précipita.

Le moment opportun pour tenter la traversée est cinq heures après la crue
des eaux, mais encore seulement par beau temps. Une forte brise marine
amènera la crue une bonne heure avant les horaires des marées ; tandis
qu'après de fortes pluies, la traversée est impossible, à cause des crues des

rivières qui imprègnent les sables dans toutes les directions et transforment toute la route en un vaste sable mouvant. À aucun moment, un étranger ne doit tenter le passage sans l'aide d'une personne compétente.

Les dangers de la côte du Lancashire furent une fois de plus illustrés au moment même où ces lignes étaient écrites, dans l'enquête menée, en septembre 1907, sur John Richardson, un ouvrier agricole englouti dans les sables mouvants de Broadfleet Bridge, Pilling , près de Garstang . . En marchant sur le sable, il tomba jusqu'à la taille, et étant loin de toute habitation humaine, ses cris ne pouvaient être entendus ; avec pour résultat qu'il connut une mort effrayante par noyade lente, alors que la marée cruelle montait sur le rivage solitaire.

L'image de Turner du car traversant le sable est dramatique, mais rien de dramatique ne s'y déroule actuellement. C'est une scène grise et maussade. Sur l'horizon, à gauche, se trouve la haute et laide tour de Morecambe, et, dans l'ombre, à droite, les montagnes de Lakeland. Le London and North-Western Railway longe le rivage, à sa gare de Hest Bank, coupant l'accès approprié, et ce n'est que par de très rares hasards que la route Over-Sands est désormais empruntée.

XVIIIe

CARNFORTH.

LE village de Bolton-le-Sands, situé sur le canal de Lancaster et près du rivage, est un petit lieu abritant de nombreuses auberges – le « Blue Anchor », le « Black Bull » et d'autres – et une vieille église, entourée et presque surplombée. par les arbres. Carnforth lui succède , grandissant presque pendant que vous attendez, dans la nouvelle prospérité de ses usines sidérurgiques, où est fondue une bonne quantité de minerai d'hématite du district voisin de Furness. Au-delà, selon un choix d'itinéraires vers Kendal, par Milnthorpe ou par Burton-in-Kendal, nous prenons la seconde, devant l'auberge « Longlands » ; où se trouvent les traces d'une ancienne route menant à Kendal. Un kilomètre plus loin, une partie considérable de cette route, à gauche de la route actuelle, se présente sous la forme d'une ruelle déserte, très étroite ici et là, et envahie par l'herbe. En général, cependant, les agriculteurs l'ont progressivement aboli et l'ont ajouté à leurs pâturages, et même ce tronçon survivant est en train d'être avalé et digéré de la même manière. Certaines parties de celui-ci ne sont pas sans aspects romantiques : comme là où un immense rocher de granit, appelé depuis des temps immémoriaux « le Buckstone », se dresse dans la haie et rappelle les épreuves des voyageurs d'une époque révolue, lorsque les routes n'étaient guère meilleures que des pistes sinueuses et les panneaux indicateurs n'existaient pas. Ils sont allés, ces voyageurs palpitants , comme indiqué, « au-delà de Buckstone », qui a constitué pendant des siècles un point de repère aussi sûr que n'importe quoi dans cette campagne. Et maintenant, il est oublié, sauf par les agriculteurs et les gens des champs et par ceux dont les affaires ou les plaisirs sont dans les chemins et les haies. De nombreuses maisons et objets naturels environnants portent le nom des cerfs sauvages qui parcouraient autrefois le quartier : parmi eux Roanad Hill et les fermes Hilderstone et Deerslack .

Depuis Buckstone , vous voyez la colline accidentée en terrasses de Farleton Knott, surnommée par l'historien du comté « le Gibraltar de Westmoreland », et, en contrebas, les maisons regroupées de Burton-in-Kendal ; mais avant d'atteindre cette ville délabrée, l'ancienne route est coupée et une voie moderne mène à droite dans l'autoroute, au-delà de Dalton Park, à travers lequel l'ancienne route serpentait. Pourtant, à quelques mètres à l'intérieur du mur du parc , on aperçoit, au milieu des arbres, une grossière borne milliaire qui ne porte en guise d'inscription que le chiffre « 10 ». C'était, s'il vous plaît, la manière brève d'informer les voyageurs qu'ils se trouvaient à dix milles de Lancaster. Il est évident que les voyageurs d'autrefois devaient apporter avec eux une certaine compréhension autochtone.

L'ancienne limite du Westmoreland et du Lancashire, quelque peu variée ces derniers temps, est marquée sur une plaque de laiton sur le chemin de Burton-in-Kendal, en face d'un groupe de vieilles maisons situées dans un creux à côté de la route surélevée moderne. L'endroit s'appelle Heron Syke , et le creux profond et le fragment survivant de l'ancienne route illustrent l'ancien nom, indiquant un endroit marécageux avec un ruisseau, autrefois fréquenté par les hérons.

LE BUCKSTONE.

Et nous voici à Westmoreland. Les autorités n'ont pas encore fini de contester s'il s'agissait à l'origine de « Westmoreland » ou de « Westmereland », car les landes et les meres, *c'est- à-dire* les lacs, sont également importants dans le comté ; et, de la même manière, il n'existe pas d'orthographe établie du nom « Westmoreland » ; avec deux « e » ou avec un. Le « e » semble désormais être la plus appréciée de ces versions, mais, pour ma part, je privilégie l'ancien style, plus romantique.

Le vieux marché de la laine de Burton-in-Kendal est éteint, et c'est aujourd'hui un endroit très calme et sans incident, dans lequel une rue étroite de maisons en pierre grise s'ouvre sur une petite place où le pilier de granit d'une croix de marché, élevé sur trois marches, des stands, témoignant d'une importance autrement non seulement passée, mais presque oubliée. La croix du marché servait également de pilori et de pilori, car les marches étaient équipées d'appareils grâce auxquels les petits délinquants étaient littéralement « mis par les talons ». Il y en avait deux paires, comme les curieux peuvent facilement le constater : et là, ainsi solidement attachés, les coquins et les vagabonds des jours les plus occupés de Burton étaient exposés aux quolibets, aux insultes et aux missiles.

LA CROIX DU MARCHÉ ET LE PILLOIRE, BURTON-IN-KENDAL.

Dans la nuit du 30 avril 1812, des personnes mal intentionnées n'ont placé pas moins de onze portes en travers de la route entre Lancaster et Burton-in-Kendal, dans l'intention de renverser le courrier ; qui n'y a d'ailleurs échappé que de peu. Ces canailles n'ont jamais été arrêtées.

Burton est, ou était, un lieu fidèle et fait ce qu'il peut pour célébrer les événements nationaux. Il ne peut, dans la nature même des choses, avec les maigres ressources dont il dispose, faire grand-chose, et le summum de ses efforts se voit dans une lampe à gaz très ordinaire, érigée pour commémorer le mariage du prince de Galles. en 1863.

L'AUBERGE « DUC DE CUMBERLAND » ET FARLETON KNOTT.

NOEUD FARLETON

Farleton Knott – la plupart des collines de cette région sont des « Knotts » – surplombe de manière frappante la route de Kendal, s'élevant en escarpements gris, crêtes et terrasses au-dessus d'un tronçon plat, où l'humble vieille auberge blanchie à la chaux du « Duc de Cumberland » se dresse à côté du chemin solitaire. . Viennent ensuite, à un intervalle considérable, l' auberge de Crooklands , avec l'église de Preston Patrick sur la droite, et le hameau de End Moor, tous situés dans ou surplombant une vallée verte et fertile, où un ruisseau argenté serpente dans boucles brillantes. La scène, avec son herbe riche et ses beaux arbres, pourrait se situer dans l'une des parties les plus audacieuses du Surrey, plutôt que dans le nord.

LE CHÂTEAU DE KENDAL ET LA ROUTE VERS KENDAL.

Nous approchons maintenant de Kendal, son château en ruine surmontant une colline verte arrondie et dressant des murs déchiquetés qui ressemblent presque à un éperon rocheux. Le château de Kendal semble avoir été une forteresse si menaçante – et il semble encore particulièrement redoutable du nord, d'où pourraient provenir la plupart de ses ennemis potentiels – que personne ne semble jamais l'avoir attaqué. Ils repartirent dans l'autre sens, si l'on pouvait trouver un autre chemin, ou, mieux encore, s'arrêtèrent chez eux.

KENDAL

À Kendal est née Katherine Parr, très mariée, dont la famille était à l'époque seigneurs du château. Troisièmement, elle fut mariée par Henri VIII et eut la chance de lui survivre. Comme elle regrettait peu ce mari royal, nous pouvons en juger par le fait que, deux mois après sa mort, elle épousa, en quatrième lieu, une vieille flamme, l'amiral Lord Seymour de Sudeley, puis , un an plus tard, mourut à l'âge de trente-six ans.

Sur la route de Milnthorpe, à un mile de Kendal, se dresse le petit manoir de Collin Field, une halte pour la nuit souvent utilisée par cette redoutable dame, Ann, comtesse de Pembroke, lors de ses voyages entre ses diverses résidences. Il fut acheté en 1660 par son secrétaire, George Sedgwick, qui y vécut longtemps et occupa ses loisirs à écrire sur sa grande maîtresse. La maison est un admirable spécimen des petites résidences semi-fortifiées de cette époque.

XVIII

ET donc à Kendal, de l'autre côté de la rivière.

Kendal, à l'origine Kirkby Kendal, *c'est*-à-dire Kirk-by-Kent Dale, est en effet bien au milieu des eaux, car ici la rivière Kent, renforcée par des affluents coulant des collines brumeuses, écume dans des déversoirs et est traversée, dans l'autoroute. et en chemin, par pas moins de trois ponts. Il y a de la bonne pêche pour le pêcheur « doux » dans ces eaux. Mais pourquoi « doux » et où la douceur est plus que ce que je peux comprendre. Pour le sport, le pêcheur amorce sa ligne cruelle et, si le sport est bon, lui, lui-même un exemple de « nature, rouge de dents et de griffes », accroche, avec son ardillon diabolique, quelque malheureuse truite ou ombre dans les branchies.

Les rues de Kendal sont pour la plupart des « portes », comme Stramongate et Strickland Gate, et étaient autrefois pittoresques, austères de ces latitudes septentrionales ; mais Kendal, de nos jours une ville agricole très prospère et située dans une position favorable à la porte de la région des Lacs, est en train d'être considérablement reconstruite et semble, aux yeux de ceux qui se pressent par là, peu éloignée du commun des villes de province. Les automobilistes à destination et en provenance des Lacs ne daignent pas s'arrêter à Kendal, et celui qui le fait peut remarquer, n'importe quel jour d'été et d'automne, un véritable cortège de voitures se précipitant vers et depuis ces stations et considérant Kendal comme un incident importun, contenant les habitants et les chiens qui ne doivent être écrasés qu'au risque de mettre en danger la voiture et le sac à main.

La grande église de Kendal est basse, au bord de la rivière, et est grande, non pas par sa hauteur, ni par sa conception architecturale imposante, mais par l'espace au sol qu'elle couvre. Il ne compte pas moins de cinq allées et, par conséquent, semble trapu. C'est une sorte d'abbaye de Westmoreland Westminster, lieu de sépulture des barons et des écuyers innombrables du château sur la colline là-bas et de la campagne alentour. Leurs chapelles privées, où se trouvent Parrs et Bellinghams , Stricklands, Howards et d'autres, ne sont plus en mauvais état et ne sont plus privées ; et leurs gloires mortuaires obscurcies. Mais pour l'un des historiens de la vieille école ou des généalogistes patients, l'intérieur de l'église de Kendal serait, à la manière des écoutilles, des sculptures héraldiques et des épitaphes flatulentes, l'étude des années. Ce qui m'intéresse davantage, ce sont les incidents étranges et les inscriptions étranges du lieu.

« ROBIN LE DIABLE »

Par exemple, dans la chapelle autrefois privée des morts et disparus de Bellingham, est suspendu un casque avec une histoire. Il semble qu'à l'époque où Cavalier et Roundhead se disputaient leur différend, florissait une famille de Philipson dans le district de Windermere, avec à leur tête un personnage notoire, le major Robert Philipson : si sauvage et téméraire qu'il était communément connu. comme "Robin le Diable". Il n'est guère nécessaire d'ajouter qu'il n'était pas puritain. Ce personnage bruyant, très irrité que les puritains se soient établis dans la ville, sous la direction d'un certain colonel Briggs, partit un dimanche avec un certain nombre de cavaliers pour tuer le colonel à l'église. Heureusement pour Briggs, il n'avait pas assisté au service ce jour-là, et Philipson, se déchaînant l'épée nue sur le bâtiment, fut repoussé par sa proie : bien qu'il ne semble pas tout à fait certain que Robin aurait été chanceux si Briggs avait été présent, car même sans leur commandant, les gens présents le firent courir, et dans sa hâte de partir, son casque fut renversé contre une arcade. Il ne s'arrêta pas pour le récupérer, mais s'enfuit aussi vite qu'il put. Voilà pour vos casse-cou. Le casque a été accroché en guise de trophée. Mais Smelfungus , l'antiquaire, qui doit toujours gâcher les meilleures histoires avec ses faits arides, nous dit que le casque est en réalité une partie de l' armure funéraire de Sir Roger Bellingham, suspendue au-dessus de sa tombe.

Parmi les objets intéressants de l'église de Kendal figurent des morceaux d'une croix ancienne, datée d'environ 850 APRÈS JC , et le monument dédié à plus de cent cinquante officiers et hommes du 55e régiment (Westmoreland), tombés dans la plus stupide des erreurs, la guerre de Crimée. La guerre, dont personne, à l'exception des entrepreneurs de l'armée, n'a jamais tiré aucun avantage. Voici également un « drapeau du dragon » chinois capturé à Chusan et déposé dans l'église en 1874.

REPARTIE

Ici aussi se trouve un monument dédié au malheureux Sir Augustine Nichols, juge en chef des plaidoyers communs, empoisonné alors qu'il était en tournée à Kendal en 1616. Mais l'objet le plus curieux de l'église de Kendal est l'épitaphe d'un ancien vicaire, le révérend Ralph Tyrer. , BD, décédé en juin 1627. Les curieuses rimes qui le composent auraient été écrites par lui-même ; mais, quoi qu'il en soit, il est certain que quel que soit leur auteur, il désirait ardemment intriguer la postérité. Il l'a fait efficacement également. Il a décidé, à sa manière rude et grossière, que...

Londres m'a engendré,	Westminster m'a nourri,
Cambridge m'a accéléré,	Ma sœur m'a épousé,

L'étude m'a appris,

L'apprentissage m'a apporté,

Le travail m'a pressé,

La mort m'a opprimé,

Dieu m'a donné le premier,

La Terre m'avait envie,

La vie m'a cherché,

Kendal m'a attrapé,

La maladie m'a affligé,

La tombe m'a possédé,

Christ m'a sauvé,

Le ciel voudrait de moi.

« Ma sœur m'a épousé » : là est le nœud du problème ; mais il ne semble pas que cela doive être pris au sérieux, dans son sens ordinaire. Quant à la véritable interprétation, on nous propose au moins deux histoires : celle selon laquelle sa sœur, le trouvant trop occupé ou trop timide pour faire sa propre cour, lui faisait la cour et lui fournissait une épouse de son choix. . Dans ce cas, elle a osé beaucoup. La théorie alternative est que le mot « sœur », tel qu'utilisé ici, est censé avoir une signification académique et indiquer qu'il a fait ses études à Cambridge mais qu'il a ensuite été admis ad *eundem* à « l'université sœur » d'Oxford.

Les habitants de Kendal étaient autrefois des gens turbulents et varièrent l'existence monotone de la fabrication de la laine et de l'impression du coton par des émeutes : ils conservèrent leur réputation dans ce genre jusqu'aux premières années du XIXe siècle, lorsque les premières élections parlementaires eurent lieu. excuse suffisante pour une épidémie. La fabrication et la teinture du célèbre tissu « vert Kendal » appartiennent au passé et la paix est désormais la caractéristique de Kendal, mais la réputation du quartier pour son esprit incisif demeure, dans l'histoire ancienne du cavalier qui demanda un compatriote à l'heure du jour. « Douze heures », dit l'homme en regardant ce chronomètre rural, le ciel.

"Douze!" s'exclama le voyageur . "Je pensais que c'était plus."

" Saviez -vous déjà qu'il était maure ni midi?" » rejoignit l'homme en se détournant.

Le voyageur , frappé de cette facilité de répartie rustique et inhabituelle, envoya son domestique après lui, pour savoir s'il aimerait une situation de bouffon.

« Tiens, mon ami, dit le domestique, mon maître veut savoir si tu voudrais une place d'idiot. »

en veut deux , alors, ou vas-tu partir ?

Les habitants turbulents de Kendal ont sans aucun doute acquis leur caractère des circonstances anciennes du lieu, toujours soumis aux incursions des pillards écossais. Une solide indépendance et une volonté de se défendre deviennent ainsi des traits de caractère chez ces hommes des vallées et des collines. On peut encore voir quelque chose des anciennes épreuves de la ville de Kendal, derrière l'apparence moderne et suffisante des magasins dans les rues plus anciennes, où les maisons et les cottages sont construits autour de cours auxquelles on accède uniquement par des ruelles étroites faciles à défendre en cas d'attaque.

La dernière fois où ces vieilles défenses semblaient se révéler à nouveau utiles fut en 1745, lorsque le prince Charlie, dont l'entreprise de cette route est si riche en souvenirs, arriva avec sa suite indisciplinée. Mais rien de grave ne se produisit : le prince passa la nuit à Stricklandgate , dans le vieux manoir encore debout, numéro 93, et s'y reposa de nouveau pendant sa retraite. Le lendemain arriva le duc de Cumberland, à sa poursuite, et il s'arrêta également à la vieille maison, remarquant agréablement qu'ils y avaient reçu son cousin la veille. Je soupçonne que l'hôte plus ou moins réticent du prince et du duc, craignant les conséquences, a expliqué, aussi poliment qu'il le pouvait, qu'il recevait qui il devait.

LAITERIE DE CHÂTEAU.

Il y a, après tout, singulièrement peu de qualité picturale chez Kendal. L'ancienne maison de ville des Bellingham , à Stramongate , construite en 1546, existe toujours, bien que la famille soit éteinte ; mais il tourne la façade banale d'une quincaillerie vers la rue. En effet, le vieux Kendal n'est représenté que dans ce beau bâtiment robuste, la Castle Dairy, dans Wildman Street. On pense qu'il s'agissait de la laiterie du vieux château et qu'il contient encore quelques-unes des nombreuses et curieuses reliques trouvées dans d'anciennes armoires et des lieux secrets de ses murs immensément épais, ainsi que quelques fragments de vitraux portant les armes du Stanleys, comtes de Derby. Mais la curieuse généalogie des rois saxons et le vieux livre de messe romain enluminé ont été transférés à la bibliothèque publique.

XIXème

ENTRE Kendal et Penrith, sur une distance de vingt-six milles, se trouve l'étendue de pays la plus sombre et la plus éprouvante de toute la distance qui sépare Londres et Glasgow. C'est le quartier de ce plateau haut perché, à 1 400 pieds au-dessus du niveau de la mer, redouté des vieux cochers et des passagers aussi, sous le nom de « Shap Fell ». Toute la météo du Westmoreland se brasse au milieu des altitudes inhospitalières de Stainmoor et de Shap Fell, qui sont, en outre, affligées du phénomène local connu sous le nom de « vent de barre ». Ceci, peut-être heureusement pour les voyageurs , n'est pas un vent d'hiver, mais une explosion ludique qui caractérise les journées de mai et juin. Quand le touriste lit qu'il est assez fort pour renverser les chevaux et les voitures, et que son bruit peut être entendu à vingt milles de distance, comme le tonnerre ou le rugissement d'une cataracte, il envisage sérieusement d'accomplir cette étape de son voyage en rail. Le vent de barre tire son nom du « casque », ou calotte, de nuages légers qui restent immobiles pendant des heures dans le ciel au moment de son souffle. Il souffle sur les collines de Westmoreland et de Cumberland, dévalant leurs flancs escarpés et fouettant les eaux des lacs en vagues furieuses et en embruns.

L'ascension vers cette région peu prometteuse commence par une douce montée à Mint Bridge, à 1,6 km de Kendal. Il continue, avec des pentes de plus en plus fortes, mais avec deux courts intervalles de descente, sur neuf milles et demi, lorsque le sommet est atteint. Bien que Shap Fell porte un nom si laid, la montée ne dépasse à aucun moment 1 sur 10. C'est plutôt le caractère prolongé de l'ascension vers le sommet exposé qui rend la route remarquable.

INCIDENTS D'ENTRAÎNEUR

Les accidents d'entraîneur sur cette scène ont été remarquablement peu nombreux. Le principal événement de ce genre se produisit lorsqu'une poste postale fut renversée à Kirbythore Bridge, sur Hucks Brow, à cause des chevaux hésitant devant une roue hydraulique tout à fait inoffensive. L'entraîneur est tombé de huit pieds et un cheval a été tué, mais là les dégâts se sont arrêtés. Un fidèle agrafeur de laine du Yorkshire, qui chevauchait dehors, a été projeté et obligé d'effectuer un saut périlleux complet, mais il est retombé en toute sécurité sur ses pieds, et juste à temps pour attraper, à « mi-course », un colis qui a tiré avec une vitesse merveilleuse hors des bras d'une femme et, après inspection, il s'est avéré qu'il s'agissait d'un bébé. Il a dit sèchement, lorsqu'ils l'ont félicité pour son engagement, qu'« un bébé errant n'est généralement pas une bonne prise pour un homme ».

Il était normal que, sur une route comme celle-ci, les cochers amateurs soient peu nombreux. Cela aurait en effet semblé plus convenable s'il n'y en avait pas eu du tout. En ce qui concerne les courriers, le règlement des Postes, non seulement sur cette route, mais sur les routes en général, interdisait formellement aux cochers de laisser circuler les amateurs, et attendait que les gardes s'interposent pour empêcher quoi que ce soit de la sorte. Un jour, alors que le jeune Teather, de Teather & Son, l'entreprise de courrier, avait pris la place du cocher et s'apprêtait à conduire ses propres chevaux, un passager mi-indigné et mi-terrifié saisit les rênes parce que le garde ne voulait pas. opposer son veto à l'arrangement. Ce qui serait arrivé à ce garde pour ne pas avoir exécuté ses instructions à la lettre, nous l'ignorons, car il se trouvait à ce moment-là un changement de gouvernement, et lorsque le garde voulut avec une certaine impudence savoir lequel des deux ministres généraux des Postes... Qu'il s'agisse de l'arrivée ou du départ à la retraite - il devait s'adresser pour sa défense - l'affaire a été laissée en suspens.

L'un des rares amateurs privilégiés était M. James Parkin, qui travaillait généralement sur le terrain de Teather, à partir de Penrith, vers Carlisle. Il faisait partie de ceux qui ne conduisaient que les meilleurs attelages, et il a donc abandonné lorsque les chemins de fer ont empiété et que les chevaux sur les trajets les plus courts sont devenus inférieurs. Il avait l'habitude de dire qu'il n'aimait pas être un « tournevis ». C'était un fouet très régulier, mais lent : trop lent pour le Mail, et manquant d'énergie pour faire glisser ses chevaux sur le terrain de galop, où des cochers vraiment savants rattrapaient toujours le temps perdu. Le garde, en fait, brandissait constamment sa montre, l'exhortant à « les envoyer ».

Ramsay de Barnton était un assez bon fouet lorsque le bétail était bon, mais il aimait choisir son terrain. Nightingale, le grand juge de chasse de l'époque, fut celui qui « emmena un carrosse à travers le pays ». Il prenait les chevaux au fur et à mesure, kickers ou jibbers, et, grâce à ses nerfs fins et à son maniement délicat des rubans, il maintenait son temps à la seconde près.

COACHERS

Parson Bird était également considéré comme « à la hauteur de son travail » et était un homme si bon cœur que lorsque le cocher régulier de Keswick à Kendal s'est cassé la jambe, il a pris sa place pendant six semaines et a collecté les honoraires pour lui. . On raconte l'histoire d'une dame donnant une demi-couronne au curé-cocher à la fin du voyage un après-midi et lui étant présentée lors d'un bal le soir même à Kendal. Il demanda aussitôt une danse, mais elle fut très indignée qu'un cocher puisse ainsi présumer. Cependant, l'affaire fut expliquée, et avec une telle satisfaction que non seulement elle dansa, mais qu'elle devint finalement Mme Bird.

Parmi les cochers réguliers, John Reed occupait une place très élevée. C'était un homme gros et très silencieux : tout pour ses chevaux et rien pour ses passagers. Il a conduit le Glasgow Mail de Carlisle à Abington, n'a jamais goûté de bière ni de vin et n'a jamais eu d'accident. C'était d'autant plus remarquable que M. Johnstone de Hallheaths , propriétaire de Charles XII, faisait monter le Mail sur un étage avec rien d'autre que des pur-sang ; et s'ils avaient « décollé », même Reed, aussi fort qu'il fût, n'aurait pas pu les retenir.

John Bryden était à l'opposé de John Reed, et plein de gaieté et de bonnes histoires sur la boîte. Les deux Dryden étaient encore plus fringants dans leur style : l'un avait l'art d'apprendre à ses chevaux à trotter alors que la plupart des hommes les auraient fait galoper ; l'autre était un merveilleux chanteur. Chaque fois que le Mail atteignait une longue ascension et qu'il devait ralentir la vitesse, il séduisait le chemin avec « Elle portait une couronne de roses » ou « Je sais qu'une fleur pousse dans mon jardin », dans un ténor riche qui l'aurait assuré. un bon engagement en salle de concert en ces temps.

Un autre cocher notable était « le petit Isaac Johnson ». Il est resté dans la boîte pendant trente-cinq ans et n'a jamais eu d'accident. Il était suprême avec un cheval qui donne des coups de pied et prenait toujours soin d'en faire son leader proche. Lorsqu'un tel individu était placé là, il pouvait le punir plus sévèrement et aimait frapper les animaux rétifs à l'intérieur de la cuisse. Il pourrait « les calmer » s'ils continuaient à se rebeller.

Les Telfer étaient des cochers de la même école sévère et bien connus dans le monde du Shap . Jem Barnes, en revanche, était gros et encombrant et manquait de feu ; de sorte qu'on *disait* qu'il avait son terrain de couchage ainsi que son terrain de galop. Mais, une nuit au moins, alors qu'il roulait vers le nord, au-dessus de Shap Fell, il avait peu de chance de dormir. Il lui fallait alors non seulement galoper devant toutes les congères, mais encore mettre un facteur et deux devant. Le crochet du poteau s'est brisé au milieu du voyage aveuglant et couvert de neige, et la main de son homonyme, Jem Byrns, le garde, était presque gelée sur la clé à vis lorsqu'il a sorti un crochet de rechange et l'a fixé. sur. Pendant tout ce temps, la neige tombait en flocons gros comme des couronnes, et le seul soulagement comique était la voix d'une « grosse houle » sortant du siège de la loge, sous une parfaite couverture d'écaille de tortue de capes et de fourrures : « Quoi *? est-ce que vous, les gars, me gardez ici au froid et vous réchauffez-vous les mains à la lampe ?* »

PEDIGREE

George Eade, un autre membre de cette distinguée compagnie, était très sourd, mais suffisamment entendant pour être au courant des nombreuses objurgations de M. Richardson, du « Greyhound » de Shap , pour l'avoir retiré de ses chevaux. Un jour, Richardson est sorti et s'est montré particulièrement fade - rien à redire du tout - mais George, incapable de distinguer quoi que ce soit, et concluant qu'il en était au vieux sujet, a immédiatement relevé son dos. « *Pendez-vous !*" dit-il, "*je ne suis pas en avance sur mon temps ; Je vous en parie 5 £ ; regarde ma montre !*»

Jack Pooley était un personnage génial. Lorsqu'il se retira de la box, il rejoignit la Yeomanry et inscrivit son cheval pour une plaque de cavalerie lors d'une réunion de course. Deux des conditions d'entrée étaient qu'il ne devait jamais avoir gagné 50 £ et qu'il devait également être métis. Quelques objections étant soulevées, il fallut l'interroger devant le comité. À la première question, si son cheval avait déjà gagné 50 £, il a répondu : « Non, en effet ! mais il a aidé à en perdre plus d'une cinquantaine : il a couru trois ans dans un entraîneur adverse. La question suivante était : « Que fait-il, M. Pooley ? "Par?" dit Jack. "Je devrais dire qu'il a été élevé par un taureau à petites cornes, c'est un sacré rugisseur." Les réponses, nous dit-on, ont été jugées tout à fait satisfaisantes.

Les cochers de poste de l' étape Shap et Penrith furent affligés pendant un certain temps d'une jument qui s'arrêtait avec chacun d'eux à tour de rôle au bout de deux milles. Finalement , ils se lassèrent tous d'elle et l'ordre fut donné que si elle refusait encore, elle ne serait pas ramenée vivante. Elle entreprit ce voyage fatidique et, selon son habitude et son habitude, bouda tout à coup et s'assit sur ses hanches au milieu de la route, comme un chien, les pattes antérieures tendues devant. Le cocher, armé par l'entrepreneur du pouvoir de vie ou de mort, ne parvint pas aux extrémités tragiques. Il descendit, arracha une rampe de la haie et la frappa neuf fois sous les genoux avec le côté plat de la rampe. Ce traitement s'est avéré efficace, non seulement pour ce voyage, mais pour toujours, et elle est restée docile et volontaire pour toujours.

Avec quelle bravoure et acharnement les courriers et les scènes luttaient les nuits d'hiver contre les explosions hurlantes de Shap et de Stainmoor , luttant parfois contre des tempêtes de neige et des congères dans lesquelles non seulement le cocher et la garde, mais aussi les passagers, portaient la main aux pelles à neige et creusé et fouillé jusqu'à ce que les mains et les pieds, auparavant engourdis par le froid, brillent à nouveau ! Avec quelle anxiété, alors que ces fouilles semblaient presque inefficaces et les congères impraticables, ont-ils tendu leur vision pour apercevoir la nuit sombre, remplie de flocons de neige pour les lumières joyeuses de cette auberge au bord de la route, le « Bienvenue à Cumberland », annonçant aux voyageurs habitués à cette route non seulement le confort disponible à portée de main, mais aussi un adieu aux terreurs de Westmoreland et l'approche de la petite ville abritée de Penrith.

XX

A quatre milles et trois quarts de Kendal, à Watchgate , s'ouvre la plus belle vue, le long de Sleddale . Au-delà se trouve l'auberge « Plough », avec une pancarte picturale et le distique :

Celui qui prospère grâce à la charrue,

Lui-même doit soit tenir, soit conduire.

une déclaration à laquelle les agriculteurs ne souscrivent pas à l'unanimité.

BOROUGHBRIDGE, LA FORME EST TOMBÉE.

Au-delà viennent encore Hucks Brow, la fin de la première étape depuis Kendal, et Forest Hall, qui, avec l'abbaye de Shap , forme l'une des deux plus grandes fermes de moutons du Westmoreland. Une autre montée d'un mile et demi et une descente raide mène à Boroughbridge, un hameau où un ancien pont enjambe un ruisseau de montagne et est voisin de quelques cottages et de l'auberge « Bay Horse ». À partir de ce point, l'ascension finale et la plus éprouvante est effectuée. Une vieille route serpente dans la vallée en contrebas, au-delà de la ferme Hausefoot , mais elle a depuis longtemps cessé d'être d'usage autre que strictement local.

La route traversant le sommet du Shap est construite sur des tourbières et nécessite des réparations constantes. La nature marécageuse de la fondation n'est pas apparente au voyageur occasionnel, mais peut facilement être découverte en se tenant à côté d'elle au passage d'une automobile, lorsqu'elle tremble très sensiblement.

A la descente du sommet vers le village de Shap , l'ancienne route traverse à droite, et plus loin à droite, à un demi-mille à travers les landes, on aperçoit l'hôtel de Shap Wells, s'élevant de son creux boisé.

Le Dr Granville, qui a écrit un ouvrage sur les stations thermales anglaises en 1845, est venu en temps voulu à Shap Wells et fait des remarques à juste titre sur la situation sauvage et isolée des puits et de l'hôtel, mais il n'insiste pas sur l'époque vraiment horrible. -l'arôme d' œuf des eaux médicinales, qui, si leurs vertus médicinales sont proportionnelles à leur goût, doivent être très remarquablement curatives. Il parle plutôt de la palette de couleurs de l'eau que de *bouquet* , et s'exprime avec éloquence sur sa teinte bleutée et opalescente. Il était ici au plus fort de l'été et trouva à l'hôtel une « dame assise près d'un feu brûlant (auquel, d'ailleurs, j'étais heureux de participer aussi) le 6 août ». Mais malgré le goût et la saveur curieux des eaux, l'hôtel est très fréquenté. Ce ne sont plus les eaux, mais l'air vivifiant qui constitue désormais l'attraction.

FORME

Le village de Shap , bien que lui-même d'altitude moyenne, semble assez abrité après les quatre milles de descente depuis le sommet. L'ancienne auberge « Greyhound » de l'époque des relais se dresse toujours à l'entrée du village. Et pas seulement de l'époque des entraîneurs, mais aussi d'époques antérieures, comme le proclame la tablette au-dessus de la porte, datée de 1703. C'était sans doute l'auberge où le prince Charlie s'arrêtait en chemin et trouvait l'hôtesse « une épouse triste et imposante ». L'étrange lévrier sculpté sur la tablette ressemble quelque peu à l'idée saxonne d'un cheval, sculptée sur White Horse Hill, dans le Berkshire.

SIGNE DU « GREYHOUND », SHAP.

Shap est un grand village, avec un marché aux bestiaux et un étrange bâtiment trapu appelé « croix de marché », maintenant utilisé comme salle paroissiale, mais il est surtout célèbre parmi les touristes pour son abbaye, qui n'existe qu'en ruines, à un mile loin, dans une situation solitaire : solitaire, c'est-à-dire, à l'exception de sa grande Ferme Abbaye. Vous l'approchez par un chemin de moutons et par un pont étroit construit par les vieux moines si bien qu'il est encore solide aujourd'hui et ne laisse pas passer mon seigneur Lonsdale lorsqu'il conduit les visiteurs dans sa grosse automobile pour voir le tour en ruine, pratiquement tout ce qui reste de l'abbaye. L'abri était plus important quand je suis arrivé ici, poursuivi par les pluies torrentielles et les orages qui jaillissaient et grondaient entre les collines, et je connais mieux l'hospitalité bienveillante de la ferme que les antiquités de l'abbaye, qui, après tous, sont rares à part les colonnes brisées et les cercueils en pierre des abbés et frères décédés et oubliés. L'abbaye fut cédée en 1541 par Richard Evenwode , le dernier abbé. Son revenu était alors de 154 £ par an, une bonne affaire à l'époque. Aujourd'hui, des mouflons écossais à face noire et à cornes parcourent les terres de l'abbaye.

ABBAYE DU SHAP.

de Hackthorpe , avec une ancienne halle, aujourd'hui ferme, au bord de la route, nous amène au quartier de Lowther Castle et son magnifique parc, siège du comte de Lonsdale. Le manoir lui-même, construit par Smirke en 1808, est magnifique, dans le sens où il est immense et coûteux à construire et princier dans ses aménagements, mais ce n'est pas un château ni une architecture gothique, bien que l'architecte qui l'a conçu , et le second Lord Lonsdale, pour qui il a été conçu, l'imaginait avec tendresse ainsi.

LE « MAUVAIS SEIGNEUR LONSDALE »

Le méchant Lowther, le «mauvais Lord Lonsdale», *c'est-à* -dire le premier comte (1736-1802), hantait autrefois cette campagne superstitieuse, après avoir parcouru son parcours terrestre avec un *éclat pécheur*, et était un «boggle» redouté - qui est Westmoreland et Cumberland pour « fantôme ». Ce personnage autrefois célèbre, « cet homme brutal », comme le qualifiait Boswell, était excentrique dans une certaine mesure et se reconnaissait en fait comme « un véritable fou, bien que trop riche pour être enfermé ». L'une de ses excentricités était de garder des chevaux sauvages, au lieu de cerfs, dans son parc de Lowther. Trop riche et trop puissant pour se soucier de ce qu'on pensait de lui, il se promenait avec une majesté sombre et surannée dans une vieille voiture moisie tirée par des chevaux hirsutes et non tondus. L'entrée de cet équipage à Penrith, où il possédait la plupart des propriétés et, politiquement parlant, tous les habitants, était considérée avec une attente terrible quant à ce qu'il ferait ensuite, et était presque autant redoutée que l'arrivée de quelque juge médiéval armé , avec une commission pour juger les rebelles.

Représentant dans sa vie les pires et les plus grossiers barons féodaux du Moyen Âge, il fut terrorisé encore plus par sa mort. Les campagnards, stupéfaits, continuèrent longtemps à raconter comment il avait été difficilement enterré et comment, pendant que le pasteur priait pour lui, son esprit malicieux et désincarné faillit faire tomber le clerc étonné de son bureau. Des troubles à la salle et des bruits dans les écuries s'ensuivirent, et les hommes et les chevaux n'eurent aucun repos. La salle devint presque inhabitable et, à l'extérieur, il y avait un danger constant de rencontrer le noble mais malin fantôme, soit au volant de son «carrosse et six» fantomatiques, soit en marchant le long des routes sombres. Dans un cas désespéré de ce genre, un prêtre catholique était considéré comme essentiel en tant que collecteur d'esprit. L'Église établie ne servirait pas, et quant aux dissidents – bah ! Le prêtre est venu et a prié, mais Jemmy était obstiné et a résisté un long siège, et lorsqu'il a été conjuré par tout ce qui était saint, il n'était prêt qu'à être banni vers la mer Rouge, où les esprits gênants sont rustiques, comme une sorte de Botany Bay spirituelle. -pendant un an et un jour. Cela n'a pas été jugé suffisant. Le district avait trop vécu de lui dans la vie et souhaitait ardemment se débarrasser de son fantôme pour de bon et pour tout. Le prêtre fut donc invité à prier pour tout ce qu'il valait, ce qu'il fit, maîtrisant finalement le tyran. Au lieu de le transporter jusqu'à la Mer Rouge, il fut déposé sous le grand rocher de Walla Crag, Haweswater, pour toujours !

TOURS DE PEEL

C'est à Clifton, juste au sud de Penrith, que commence le véritable Borderland. Nous sommes encore à trente-cinq milles de la frontière réelle, mais nous sommes maintenant entrés dans la « sphère d'influence » (comme pourraient maintenant l'exprimer les politiciens internationaux) des vieux voyous qui s'attaquent à la moustique, volent du bétail, pillent et brûlent . du côté écossais, qui traversaient de temps en temps le Solway en bandes bien montées qui comptaient peut-être vingt, ou peut-être cinq cents, et balayaient souvent la campagne pour en débarrasser le bétail ; revenant aussi vite qu'ils étaient venus et laissant derrière eux des fermes en feu. Cette époque a laissé de nombreuses traces, encore visibles, dans l'ancienne architecture domestique des manoirs et des fermes. Nous avons des châteaux ici comme ailleurs, mais cette région frontalière est le pays de la tour-pelage. À une époque où le sud de l'Angleterre vivait en sécurité et où les hommes ne construisaient plus de maisons qui étaient à moitié des forteresses, ces comtés du nord, souvent attaqués, vivaient encore dans des appréhensions constantes et bien fondées, et quiconque avait quelque chose à perdre avait son propre bastion . , dans la petite tour-pelage qui était, selon les circonstances, toute sa maison, ou une partie considérable. De nombreuses tours de pelage subsistent sous forme de ruines inhabitées : d'autres forment la partie centrale des maisons et des manoirs agrandis depuis. Il y en a un à Clifton.

C'est un bon type de défense une fois absolument nécessaire. Vous voyez le soin qu'on a pris de bâtir solidement, avec des murs épais qu'aucune bande de pillards se déplaçant rapidement n'aurait le loisir de démolir ; et vous voyez aussi qu'il était également impossible de brûler. Le rez-de-chaussée était non seulement exceptionnellement solide, mais il n'avait aucune entrée extérieure et n'était accessible que par une trappe à l'étage supérieur.

Dès que le fermier ou le squireen de cette époque eut pris peur, il conduisit son bétail dans le barmkin , ou enclos, attaché à sa tour de refuge, et, convoquant toute sa famille et sécurisant ses objets de valeur, monta avec eux par une échelle. il monta au premier étage, et, retirant l'échelle après lui, attendit les événements. Pour se défendre, il disposait d'un stock de lourdes pierres dans les allées au-dessus du deuxième étage ; ou depuis les fenêtres à fentes étroites, ils pouvaient se déplacer pour tirer des flèches, ou jeter de l'eau chaude, du goudron bouillant ou des eaux usées domestiques sur les ennemis qui s'approchaient suffisamment.

Mais le bétail était toujours en danger, et les hommes de la maison s'occupaient généralement de mettre en garnison la tour avec les femmes et les enfants, et de livrer combat, si les chances n'étaient pas écrasantes, à l'extérieur ; et de nombreux fermiers du Westmoreland et du Cumberland sont morts en protégeant leurs troupeaux.

Clifton devrait être marqué sur les cartes avec les épées croisées conventionnelles indiquant le site d'une bataille, car c'est ici, le soir du 18 décembre 1745, que fut décidée la bataille de Clifton Moor, la dernière jamais livrée sur le sol anglais. Il est vrai que, à l'aune des morts et des blessés, ce n'était pas une grande affaire, mais cela donna probablement un tournant définitif à la fortune du Jeune Prétendant. Elle s'est déroulée à mi-chemin de la retraite paniquée de Derby et était une action d'arrière-garde, couvrant la retraite du corps principal sur Penrith et Carlisle. Quelque deux mille Highlanders prirent position ici, dans la route boueuse et les champs, devant le village, alors que le soleil se couchait, et les forces du duc de Cumberland, composées principalement des dragons de Kerr, Bland, Montagu, Kingston et Cobham, les attaqua dans l'obscurité grandissante.

CLIFTON.

La cavalerie rebelle partit aussitôt. Selon le récit de Lord George Murray, du côté écossais, « nos cavaliers, voyant l'ennemi, se rendirent à Penrith » : une expression innocente, qui obscurcit plutôt le fait prudent, bien que peu glorieux, qu'ils se « couchent », comme un » dirait un écolier, ou « a fait un gars », comme le ferait remarquer l'argot : laisser l'infanterie des Highlands faire de son mieux. Ce fut un brouhaha aléatoire qui s'ensuivit. Personne ne pouvait voir personne . Les Highlanders étaient tout à fait invisibles, et les dragons anglais n'étaient visibles qu'à la lueur de leurs ceintures chamois dans l'obscurité. M. Thomas Savage, un Quaker, dont la maison était au cœur de la bataille, était inquiet pour lui-même et pour son bétail, qui s'interposait entre les combattants, mais il n'avait vraiment aucune raison de s'alarmer ; car les deux camps tiraient si haut et si large que pas même une vache ne fut tuée, et après que tous les tirs et tous les coups furent terminés, et que les rebelles eurent pris la fuite, laissant le champ plus ou moins sinistré en possession de l'ennemi, c'était a constaté que seulement douze (ou selon un récit, cinq) Highlanders avaient été tués et environ quarante à soixante-dix faits prisonniers. Du côté anglais, onze dragons furent tués et vingt-neuf blessés. De nombreux accidents ferroviaires ont fait encore plus de dégâts.

Les registres de l'église de Clifton témoignent de cet événement, dans les entrées suivantes :

« Le 19 décembre 1745, dix dragons, à savoir six de Bland, trois de Cobham et un du régiment de Mark Kerr, furent enterrés, qui avait été tué la veille par les rebelles lors de l' escarmouche entre vous et le duc . de l'armée de Cumberland et eux à l' extrémité de Clifton Moor, à côté de votre ville.

"Robert Atkins, un dragon privé du régiment du général Bland, vous a enterré le 8 janvier 1746."

Ce dernier faisait évidemment partie des blessés.

Le duc de Cumberland voulait un logement pour la nuit et resta donc dans la maison de M. Savage, qui, pendant le cours de l'affaire, s'était enfermé, tandis que sa belle-fille se cachait dans le placard de la cuisine. Le récit du quaker à propos du duc était le suivant : « il était d'une compagnie agréable et agréable, un homme de qualité, très amical et sans fierté à son égard ».

Aucun n'est sorti aussi bien de ce combat que le colonel Honeywood de Howgill , qui semble avoir été un hôte en lui-même, et aurait fait encore mieux sans un accident par lequel même le plus courageux des braves aurait pu être amené sans gloire à Terre. Ses prouesses ont été attestées par un Highlander qui, interrogé sur la façon dont son peuple s'en sortait, a répondu d'une manière étrange : « Nous avons continué tout le temps , jusqu'à ce que l'homme aux bottes de muckle soit parvenu à franchir la digue, mais son fut a glissé sur une crotte, et nous l' avons arrêté. Les Highlanders ont failli le faire pour le « Lang Man », car ils lui ont donné trois coups d'épée sur la tête, puis sont partis. Il semble avoir vécu une vie enchantée, car il était à cette époque invalide après la guerre continentale, au cours de laquelle, à la bataille de Dettingen , il avait reçu pas moins de vingt-trois coups d'épée large et deux balles de mousquet.

Ses blessures ne semblent pas lui avoir causé un préjudice permanent, car il a vécu quarante ans de plus.

XXI

DANS les basses terres sous Clifton se trouvent Brougham Hall et à proximité le château de Brougham, tous deux au bord de la rivière Eamont. Une grande partie de la salle est ancienne, mais la majeure partie de l'extérieur, refaite à la manière baronniale, ressemble (ce qu'elle est) à une tentative académique de récupération du style architectural du XIVe siècle. Lorsqu'on dit que l'œuvre a été réalisée au début du XIXe siècle, on suppose, avec une bonne part de vérité, que le résultat est ennuyeux et sans vie. Anciennement siège des Brougham, elle revint finalement à la famille Bird, à qui la propriété fut achetée en 1727 par le grand-père de Lord Brougham qui était Lord Chancelier et grande figure politique à l'époque de George IV, Guillaume le Quatrièmement, et la reine Victoria. Le Dr Granville, voyageant par ici au milieu du dix-neuvième siècle, goûtant aux stations thermales médicinales, considérait la salle avec admiration, comme la résidence de cet homme d'État.

Le Docteur avait une vénération remarquable pour ce personnage capable mais excentrique, et était peut-être le seul à le faire. Il dit : « Comme le château de Vernet, Brougham Hall, lorsque la tombe aura balayé les préjugés et les animosités politiques, sera visité par des milliers de personnes, impatientes de contempler le château *de* Voltaire anglais ; lui qui, au savoir encyclopédique et à l'esprit piquant du philosophe français, s'est joint à l'éloquence passionnée et fougueuse de Mirabeau. Ainsi l'enthousiaste Granville.

Éloquence? Brougham pouvait mettre en pièces une passion avec n'importe qui, mais il déclamait. Il est vrai que les postiers avaient l'habitude de conduire les chaises des voyageurs dans ces régions un peu en dehors de la route directe, afin d'apercevoir la résidence de lord Brougham ; mais ces voyageurs considéraient l'endroit, et Brougham lui-même, avec curiosité, tout comme on pourrait le faire avec un geyser islandais, auquel, en effet, il n'est pas inutile de le comparer. Ses jets étaient aussi abondants et aussi chauds.

Tout le monde ne regardait pas Brougham avec crainte, comme le prouvent les caricatures de sa physionomie grotesque. Jemmy Anderson, un post-boy bien connu dans ce quartier, n'était pas intimidé par lui ; mais alors les post-boys ne vénéraient personne. C'est à l'époque où le futur Lord Chancelier était encore M. Henry Brougham, QC, que Jemmy Anderson l'a conduit, en poste, de Shap à Penrith, et l'a « fait descendre » d'un poste inhabituel. Jemmy courait tranquillement à environ sept milles à l'heure, monté sur un véhicule à roues presque en panne, jusqu'à ce que l'esprit enflammé dans la chaise de poste ne puisse plus le supporter. En baissant la vitre, le futur Lord

Chancelier vociféra : « Post-boy, je ne vous donnerai pas un sou, car vous m'avez conduit comme un escargot. » "En effet", répondit l'astucieux Cumbrian, "tu ne veux pas donne -moi un farden , tu veux ? Alors ah, j'ai Je suis arrivé assez loin pour l'instant ! » Sur ce, il descendit lentement de cheval et commença à détacher ses chevaux de la chaise, jusqu'à ce qu'une voix appelante de l'intérieur conduise à un compromis, par lequel l'avocat en colère, qui avait été spécialement retenu pour comparaître dans une cause célèbre à Penrith, capitula, *et* sur en payant son argent - sur quoi le post-boy offensé a insisté - Jemmy Anderson a été persuadé de terminer l'étape.

La famille Brougham, toujours propriétaire de la salle, trace ses origines à l'époque saxonne, et l'un de ses ancêtres, appelé « Brum », a fortifié sa résidence ici dès 1284.

DALLE SÉPULCRALE D'UDARD DE BROHAM.

Un des premiers ancêtres était Udard De Broham , un croisé décédé en 1185. « Son âme est avec les saints, nous avons confiance » ; mais son crâne, enlevé de sa tombe dans l'église de Brougham, sourit depuis sa vitrine dans la salle, et sa fidèle épée, qui avait été enterrée avec lui, est à proximité . C'est en 1846, alors que des réparations étaient en cours à l'église, que le squelette d' Udard fut découvert, sous la dalle inscrite représentée ici, à seulement deux pieds de profondeur. Il avait été allongé ici les jambes croisées et éperonné sur un

talon. Avec lui avait été enterré un fragment de verre de fabrication
phénicienne , bleu à l'intérieur, mais extérieurement orné de rayures noires et
blanches qui n'étaient pas sans rappeler les bonbons rayés à la menthe encore
chers à la jeunesse rurale. Ceci était considéré comme un talisman, ou un
objet porte-bonheur, à l'époque superstitieuse où Udard prospérait, et il fut
sans aucun doute apporté par lui de Palestine et enterré avec lui comme son
bien le plus précieux.

Neuf anciens De Broham en tout furent découverts à cette époque, dont les
restes de Gilbert, fils d' Udard , homme de taille gigantesque, mort en 1230.
Un curieux cercle de métal émaillé , de belle facture et en parfaite
conservation, gisait à côté. lui; et sa tombe en fut dûment vidée.

CHÂTEAU DE BROUGHAM.

Mais le château de Brougham est plus beau que le Hall ou que les souvenirs
de De Brohams . Brougham tire son nom, au fil des longues ruelles du temps,
de *Brovacum* , une station romaine située dans ces avant-postes de la
domination romaine, densément parsemés de tels. Et il resta un poste
militaire de première importance jusqu'à l'époque d'Henri IV. Les Normands
construisirent le donjon du vieux château, et les familles de Vipont et De
Clifford y ajoutèrent, et détenirent les marches contre les Écossais, ou
guerroyèrent pour ou contre leurs souverains, avec plus ou moins de succès,
jusqu'à ce que leur lignée se termine par une femme. : la célèbre Ann Clifford,

comtesse de Dorset, Pembroke et Montgomery, qui était un homme aussi bon qu'un autre. Elle est née en 1590, et a joui de longueurs de jours et de force d'esprit pendant toute leur vie, pour mourir enfin en 1676. Mariée deux fois et malheureuse à chaque fois, elle est devenue deux fois veuve et s'est retrouvée avec une fille unique. À son deuxième veuvage, elle se retira dans ces scènes de sa jeunesse et s'occupa de reconstruire ses anciens châteaux en ruine de Brougham, Appleby, Skipton, Bardon Tower, Pendragon et Brough ; ainsi que la restauration de nombreuses églises et l'érection de monuments à diverses personnes, dont elle-même. Elle était une bâtisseuse aussi infatigable et occupée que la vieille Bess de Hardwick elle-même, et une vieille dame impérieuse et magistrale qui résistait même à Cromwell. Il déclara qu'il démolirait ses châteaux dès qu'elle les aurait construits, mais elle se contenta de répondre qu'ils seraient reconstruits à chaque fois, et Cromwell fut obligé de céder. "Laissez-la construire et elle le fera, pour moi", dit-il, et elle a construit en conséquence. Elle est décrite comme ayant été une « parfaite maîtresse des prévisions et des post-casts », qui « savait bien comment parler de toutes choses, de la prédestination à la soie d' argent » ; et elle était certainement tenace quant à ses droits, ou à ce qu'elle concevait être ses droits ; étant une plaideuse aussi remarquable qu'elle était une bâtisseuse. De toute évidence, elle n'était rien de moins qu'une terreur totale, et l'homme ordinaire, qui lit ses manières autocratiques, est porté à penser que le malheur de ses mariages était bien plus ressenti par ses maris que par elle-même.

LE CONSTRUCTEUR DE CHÂTEAU

Nous en savons beaucoup sur cette femme extraordinaire, car parmi ses activités figurait l'écriture très détaillée sur elle-même et ses ancêtres ; et dans ces pages, elle s'attarde avec une complaisance amusante sur les premières beautés de son visage, de sa forme et de son esprit.

PILIER DE LA COMTESSE.

C'est en 1652 qu'elle répara si minutieusement le château de Brougham, pour en faire ensuite sa résidence principale ; mais le temps des châteaux était révolu, et, comme elle devait bien le prévoir, ses ouvrages restèrent, après sa mort, en ruine. Sa fille unique avait épousé le comte de Thanet, qui, en 1728, fit démolir la majeure partie du château de Brougham et vendre les matériaux. Et la voici aujourd'hui, une coquille sans toit.

« Thys made Roger » sont les mots hardiment gravés sur la porte ; nous disant que le premier Lord Clifford était le grand bâtisseur du château. Son petit-fils y ajouta largement ; et ce devait être un endroit puissant. Cliffords de Brougham et une douzaine d'autres places fortes ont osé en toute impunité ce dont des hommes plus petits auraient été ruinés pour tenter la dixième partie ; et les messagers des rois, envoyés avec de formidables documents scellés, ont été installés pour dîner au château de Brougham sur la cire et le parchemin des commandements qu'ils ont apportés, et ont préparé un repas copieux, mais involontaire, sur ces matériaux peu appétissants, sous les yeux sinistres . de mon seigneur, sans vin pour les arroser ni condiment pour les parfumer .

SALLE YANWATH.

Et maintenant, la scène n'est plus qu'un sujet pour un artiste ; et un beau sujet aussi. Les vieilles ruines se trouvent dans une situation idéale, dans une prairie herbeuse vallonnée, en pente vers l'étincelant Eamont , encadrée d'arbres et avec des montagnes lointaines fermant le paysage.

PILIER DE LA COMTESSE

Tel est l'état actuel de l'orgueil de la vieille comtesse Ann ; mais quelque chose de sa passion pour la commémoration demeure, non loin de là, dans le monument connu dans tout ce pays sous le nom de Pilier de la Comtesse ; construit par elle en 1656. Il est orné de ses armes et de celles des familles alliées, et porte cette inscription :

Ce pilier a été érigé en 1656 par le Rt. L'honorable Anne , comtesse douairière de Pembrook, fille et unique héritière de vous Rt. L' honorable George, comte de Cumberland, pour un mémorial de sa dernière séparation en cet endroit avec sa bonne et pieuse mère, la très bonne et pieuse mère. L'honorable Margaret , comtes douairiers de Cumberland, le 2 avril 1616, en mémoire de laquelle elle a également laissé une rente de quatre livres, à distribuer aux pauvres de cette paroisse de Brougham tous les 2 jours d' avril pour chaque année . sur votre table de pierre, ici tout près.

LAUS DEO.

L' Eamont , l'Eden et le Lowther étaient bien gardés, comme le prouvent encore les maisons fortifiées près des gués. Yanwath Hall, une ancienne demeure des Threlkelds , est un bel exemple de tour en forme de peau ajoutée et transformée en résidence. C'est l'un des plus anciens et des plus intéressants, construit au milieu du XIVe siècle. La tour d'origine, solide dans ses murs, épaisse de six pieds et crénelée, s'élève à cinquante-cinq pieds de haut et donne sur une cour, le barmkin , ou cour intérieure, où les anciennes portes et fenêtres en chêne, cerclées de fer et cloutées gardaient par d'épais chandeliers montrent à quel point les anciens propriétaires étaient soucieux de leur sécurité personnelle en période d'insécurité.

SALLE ASKHAM.

Cliburn, Sockbridge et Barton Kirke étaient toutes des maisons fortifiées, disposées au bord de ces rivières comme les châteaux sur un échiquier. La plus belle de ces vieilles demeures fortifiées est l'Askham Hall, situé dans un cadre romantique et pittoresque, aujourd'hui le presbytère de Lowther, mais situé dans le village d'Askham. Il se dresse au-dessus du Lowther boisé, écumant parmi ses rochers sous Lowther Park, et était à l'origine le siège crénelé de la famille Sandford. La façade est austère et assez sinistre, et l'intérieur, bien que lambrissé de chêne et transformé en résidence selon les idées modernes d'il y a deux cent cinquante ans, ne se présente pas comme une résidence gaie. Mais les ajouts faits à côté par Thomas Sandford en 1574 sont superbement esquissables. Ils comprennent une guérite et des dépendances entourant une cour. Les moulures au-dessus de l'arcade sont d'un style particulier, ressemblant à un câble ; ses extrémités étaient terminées en forme d'ammonites. Au-dessus de l'arc se trouvent les armes de Sandford, avec celles de Crackanthorpe et de Lancaster de Howgill , et cette inscription, faite en lettres, s'assemble étrangement :

Thomas · Sandford · Esqvyr ,

Forthys · payé · Meatahyr [1]

L'année · de · ovr · Savyore

XV · hvndreth · soixante-dixfovr .

Les Sandford prirent enfin fin, après trois cents ans, en 1680.

XXII

DE RETOUR sur la route après ces quêtes, le Lowther est traversé au Lowther Bridge. Au bord de la rivière et en bordure immédiate de la route, se trouve l'ouvrage de terrassement connu sous le nom de « Table ronde du roi Arthur », une ancienne plate-forme surélevée dont on ne peut que deviner le but. Ce n'est pas le roi Arthur, mais les colons nordiques, qui en sont les initiateurs, car c'est sur cette scène que se déroulèrent leurs grossières démonstrations d'armes : en particulier un duel connu sous le nom de « holmegang », une sorte de combat de gladiateurs dans lequel les adversaires étaient armés de couteaux, liés ensemble, puis contraints de se battre jusqu'à la mort. Tels sont les souvenirs effrayants de cette scène désormais paisible. De l'autre côté de la route, dans une ceinture d'arbres, se trouve une arène attribuée aux rites non moins tragiques des druides.

TASSE À BOIRE DU ROI ARTHUR.

Le roi Arthur est en outre célébré dans un immense réservoir circulaire en grès rouge situé dans la cour de l'auberge « Crown », attenante. Elle est connue localement sous le nom de « Coupe à boire du roi Arthur » et a une capacité d'environ quatre-vingts gallons, suffisante pour étancher la soif, non seulement du roi Arthur, mais aussi d'un mégatherium. Mais au-delà des légendes les plus absurdes, la chose est étonnante à l'époque des citernes en zinc. On ne sait pas non plus qui a si péniblement creusé ce réservoir dans un bloc de pierre solide, ni quand et combien de temps ce travail l'a occupé.

PONT EAMONT

Sur le talus entourant le camp préhistorique, on a érigé ces dernières années un monument, en forme de croix d'Iona, au patriotisme de quatre indigènes d' Eamont Bridge. Mais que l'inscription sur la croix elle-même raconte l'histoire : « Lors de cette crise de l'histoire de l'Empire, lorsque des volontaires furent invités pour le service actif dans la guerre d'Afrique du Sud, ce village d'Eamont Bridge en envoya quatre : John Hindson, William Todd , et Arthur Warwick, de la 24e compagnie. (Westmorland et Cumberland) Imperial Yeomanry et William Hindson, de la Volunteer Coy. du régiment des frontières. Parmi eux, John Hindson et William Todd ont été tués au combat à Faber's Put, le 30 mai 1900. Ce monument a été érigé par souscription publique sur ce lieu historique accordé par Lord Brougham et Vaux, 1901. Dulce et decorum est pro *patria mori* . »

Le vieux pont, construit en 1425, enjambant la rivière Eamont , a donné son nom au village qui s'y est développé au fil des années. C'est un endroit petit et dispersé, mais certaines maisons sont vieilles et plusieurs portent des inscriptions. « Omne solum forti patria est », dit-on, avec les initiales « HP » et la date « 1671 » ajoutées. « HP » était évidemment un élève d'Ovidius Naso.

La route qui traverse le pont Eamont est très raide et étroite et la montée au-delà est encore plus raide ; de sorte que l'étranger, observant la fureur avec laquelle les conducteurs des chariots d'excursion et des chars-a-banc montent et descendent sur leur chemin sauvage vers et depuis Penrith et Ullswater, s'attend avec confiance à un accident « pendant qu'il attend ». Mais qu'il s'agisse d'habileté ou de chance, les accidents n'arrivent pas, et les étrangers en attente, pour que leurs attentes se réalisent , devraient attendre sur place jusqu'à ce que la mousse pousse sur eux.

Selon les auteurs de guides, on trouve gravée sur le parapet du pont la phrase hospitalière « Bienvenue à Cumberland ». En fait, en le traversant, vous quittez Westmoreland pour Cumberland, et, après avoir lu tant de choses sur ce gentil sentiment, vous cherchez diligemment l'inscription. Hélas! en vain. Il n'y a rien de tel et il n'y en a jamais eu. Au lieu de cela, ce que vous voyez est une auberge dont l'enseigne « The Welcome into Cumberland » est ornée d'une représentation de pipes et d'un bol à punch, ainsi que d'une étrange image d'un personnage - il doit s'agir d'un personnage, car il porte une robe.

-manteau et chapeau en soie – saluant avec effusion un Highlander vêtu d'une figue Highland complète. Chacun regarde l'autre avec étonnement, et le pèlerin des chemins, au regard fasciné, s'étonne de tous deux. Voilà donc la « bienvenue », et elle n'est en aucun cas aussi désintéressée qu'on l'espérait. Encore une illusion disparue !

PONT EAMONT.

Même l'auberge porte son étiquette morale, car au-dessus de la porte on lit " Struimus in Diem, sed Nox venit », avec la date « MDCCXVII » et les noms de Nathan et Elizabeth Gower. Un certain « RL Wharton » semble avoir approuvé ce sentiment (après avoir dûment demandé ce que signifiait le latin) et a souscrit son nom et la date 1781, en signe d'approbation.

XXIII

PENRITH tire son nom, à l'origine Penrhydd ; « la colline rouge », de Beacon Hill, haute de 937 pieds, sous l'abri de laquelle se trouve cet endroit aux rues étroites et serrées. Beacon Hill était autrefois une protection pour le pays environnant, car de sa crête jaillissaient ces flammes d'avertissement qui avertissaient de nombreux kilomètres du Westmoreland menacé de l'approche des envahisseurs écossais.

Mais bien que Penrith soit abritée par sa grande colline parraine, elle n'a jamais été efficacement protégée contre l'envahisseur. Carlisle, à dix-huit milles au nord, était son grand rempart, et si cette ville fortifiée tombait ou était intelligemment évitée, alors le cas de Penrith était vraiment désolé, comme dans le cas notable de 1345, lorsque les Écossais, au nombre de 26 000 hommes. , ont traversé la frontière et ont incendié la ville et de nombreux villages voisins ; emmenant avec eux, à leur retour, autant d'hommes sains et robustes qu'ils pouvaient trouver, pour les vendre comme esclaves aux plus offrants. Telle était la vie aux Frontières au XIVe siècle et, en lisant ces choses, nous sommes enclins à être d'accord avec la conclusion de Taylor, le « poète de l'eau » :

Quiconque a ensuite habité aux frontières

Vécu un peu plus heureux que ceux de l'Enfer.

L'année suivante, les habitants restants de Penrith, gracieusement autorisés par le roi à se protéger, construisirent un château commun, et chaque citadin, dans la mesure du possible, reconstruisit sa propre maison d'habitation d'une manière solide et défendable. D'où les maisons sinistres aux murs épais qui bordent encore aujourd'hui de nombreuses rues étroites.

Que le Château ait été au moins une fois reconstruit semble certain. L'une de ces reconstructions fut celle de Richard, duc de Gloucester, qui, avant de devenir ce personnage ennemi de l'histoire, Richard III, était gouverneur de ces marches et résidait ici dans toutes les circonstances de magnificence. Aujourd'hui, l'endroit est en ruine, état qu'il doit aux habitants de Penrith eux-mêmes, qui, au début de l'époque de la reine Elizabeth, considéraient qu'ils avaient un besoin plus pressant d'une prison que d'une forteresse, et en conséquence, avec trente charges de pierre, érigèrent un une prison très sécurisée, voire très confortable . A la même époque, Robert Bartram, marchand de la ville, se construit une maison avec les mêmes matériaux ; et il se trouve encore aujourd'hui dans le cimetière, portant l'inscription « RB, 1563 ».

Il n'y a donc rien de pictural dans les murs rouges, nus et sans toit, du château. Il a peu ou pas d'histoire et se trouve dans le quartier peu romantique de la gare, sur une position élevée au sommet d'une colline au-dessus de la ville.

LES « ARMES DE GLOUCESTER »

Le duc de Gloucester, bien qu'il ait reconstruit le château, est principalement associé à une situation beaucoup plus protégée, dans la ville elle-même. Il y avait des intervalles entre les actes du mélodrame même de Richard III, lorsque, se détournant de la bataille et de la mort de ses proches, il cherchait du repos et un rafraîchissement, et il les trouva ici dans ce qui devait être les quartiers extrêmement confortables de ce que était autrefois Dockwray Hall, un ancien bâtiment qui se dresse sur la place appelée Great Dockwray , et qui est aujourd'hui, en sa mémoire, l'auberge « Gloucester Arms ».

La vieille maison ne présente pas un extérieur aussi attrayant qu'elle le devrait, dans ces circonstances historiques. Cela est dû en grande partie à son revêtement en stuc, peint de la couleur d'un foie en décomposition. Le seul signe extérieur de la maison qui sort de l'ordinaire est le bouclier sculpté et blasonné au-dessus de la porte, affichant les armes de Richard lui-même, soutenu par deux sangliers blancs à la crinière dorée. Une autre porte porte un écu avec trois lévriers, « en pâle, courant », comme dirait un héraut, et l'inscription « IW, 1580 » : les initiales signifiant « John Whelpdale », qui a apporté d'importantes modifications au bâtiment .

Le pèlerin qui ne mange pas seulement de la nourriture et des boissons grossières, mais qui nourrit les tissus les plus fins de son être en contemplant des scènes historiques et des salles aux boiseries antiques , trouvera beaucoup de plaisir dans les « Armes de Gloucester ». Il peut dormir là où ce sanglant Richard a dormi — et, on peut l'espérer, avec une meilleure conscience, et peut contempler une salle de banquet, maintenant malheureusement subdivisée, où nos ancêtres se régalaient de cygnes et d'autres plats curieux depuis longtemps obsolètes, arrosés de boissons désagréables inconnues à notre époque.

L'ancienne auberge « Two Lions » à proximité est tout aussi intéressante . Il regarde timidement la rue, étant caché derrière une entrée étroite, d'une manière qui, pour un sudiste , semble être une pose étrangement retirée pour un ancien manoir des classes foncières ; un teint dont, en fait, la maison a décliné depuis l'Antiquité. Il fut un temps — sous le règne de la plus ou moins bonne reine Bess, pour être précis — où ce qui est aujourd'hui les « Deux

Lions » était la « maison de ville » de Gerard Lowther, un membre notable de la famille Lowther, toujours riche et puissante ; et même si l'extérieur peut attirer peu de choses, il y a une très grande richesse d'intérêt à l'intérieur. La cheminée de la salle comporte trois boucliers héraldiques, et la salle de banquet, aujourd'hui fumoir, possède un plafond en plâtre enrichi, daté de 1585 et affichant dix boucliers aux armes des Lowthers et des familles alliées. Dans une pièce à l'étage se trouve un autre plafond orné héraldiquement des armes de Lowther et Dudley, datées de 1586, et des initiales de Gerard Lowther lui-même et de Lucy, sa femme. Ce qui est plus adapté aux besoins des petits commerçants de Penrith, qui sont les principaux habitués des « Deux Lions », est le beau terrain de boules – bowling rimant avec « hurlement », dans le discours des gens plus âgés – au fond de la salle. maison.

ÉGLISE DE PENRITH

Il ne reste pas grand-chose de l'ancienne église de Penrith, à part sa tour gothique, car le corps de l'édifice ne date que de 1722 et est d'un style classique qui semble une pure hérésie dans un lieu aussi historique que celui-ci. Même les colonnes ioniques monolithiques de marbre rouge qui décorent l'intérieur, ni les lustres dorés ornés présentés par le duc de Portland, en reconnaissance de la loyauté de Penrith en 1745, ne peuvent compenser la perte de l'étranger ; même si, bien sûr, les citadins en sont extrêmement fiers. Mais l'église abrite de nombreux monuments anciens et quelques fragments intéressants de vitraux qui ont échappé à la destruction. Parmi eux est représentée Cicely Neville aux cheveux dorés, la plus jeune des vingt-deux enfants d'Henry Neville, comte de Westmoreland. Il s'agit de cette « fière Cis de Raby », épouse de Richard, duc d'York, et mère d'Édouard IV et de Richard III. Ici aussi, on voit une « ressemblance » en vitrail de Richard II, avec des cheveux d'un jaune canari désagréable et quelques pousses de menton de la même couleur .

LA TOMBE DU GÉANT.

Toujours sur trois côtés du clocher, vous voyez sculpté l'emblème de « l'ours et du bâton en lambeaux » du grand comte de Warwick, le faiseur de rois, qui en son temps était seigneur de Penrith, et qui reconstruisit l'étage supérieur de la tour ; mais sans aucun doute le principal intérêt − et le mystère − de l'endroit est ce qu'on appelle la « Tombe du Géant », dans le cimetière. Personne ne sait qui repose ici, mais il s'agit plutôt de la tombe d'un chef parmi ces colons scandinaves qui se sont établis dans ces comtés du nord au Xe siècle. La légende, bien entendu, intervient pour expliquer ce que l'archéologie ignore. L'invincible hardiesse des légendes est telle qu'elle commande le respect étonné de l'esprit le plus calme ; et ici, le vieux folklore nous ordonne de contempler la tombe d'un certain Sir Hugh Cæsarius , un homme aux proportions colossales, mais aussi au grand cœur, métaphoriquement, qu'il était grand, qui débarrassa la forêt environnante d'Inglewood des sangliers. c'était une terreur pour le peuple, à une époque non précisée. Les hauts piliers de grès gris qui se dressent au-dessus de sa tombe, à une distance de quinze pieds, sont censés marquer sa hauteur et sont recouverts de symboles runiques, grandement dégradés et pitoyablement usés par les intempéries. Les pierres grossières et bossues entre elles sont généralement censées représenter le dos des sangliers.

Ces reliques anciennes ont failli être totalement détruites par ceux qui ont démoli la vieille église ; et le travail de les briser en morceaux avait déjà commencé lorsque les gens indignés de la ville l'arrêtèrent. Les pinces marquant l'endroit où les piliers brisés ont été réparés sont clairement visibles. Une pierre, en réalité la tête d'une ancienne croix, située à proximité , marquerait l'endroit où est enterré le pouce du géant.

Penrith a beaucoup souffert en son temps des guerres et des tumultes, mais elle a été affligée d'une manière terrible par une grande peste qui a presque dépeuplé le quartier entre septembre 1597 et janvier 1599, comme le raconte une inscription dans l'église. À Penrith même, 2 260 personnes sont mortes et à Kendal, 2 500.

Les rues principales de la ville ont été très modernisées , mais quelques monuments anciens récompensent les assidus. Le « Prince Charles Restaurant », une boulangerie, occupe le manoir où logeait le Jeune Prétendant, et il reste quelques vieilles maisons de marchands de Penrith : notamment celle d'Angel Lane, sur la façade de laquelle la vieille passion locale pour le souvenir, qui s'exprime habituellement dans les dates, les initiales et les maximes améliorantes, se transforment en histoire familiale et en épitaphe, comme ainsi :

Cette acquisition par Rob t Miers

Merc t, qui était inter d le

19 mai 1722 Son Wy s

Marg t et Ann le 19 septembre

reconstruit en vous an 1763 septembre br vous –

30 par WM

C'est mystérieux, au delà de tout espoir de solution.

Sur le bâtiment qui sert aujourd'hui d'école maternelle se trouve l'inscription « WIL. ROBINSON, CIVISLONDANNO 1670 », étrangement espacés, et au-dessus de l'entrée d'une ruelle les initiales « REL 1697 », avec des cisailles sculptées au-dessus ; probablement une relique de la famille Langhorn, marchands de draps, dont le plus ancien souvenir de ce genre est l'inscription « TEL 1584 ».

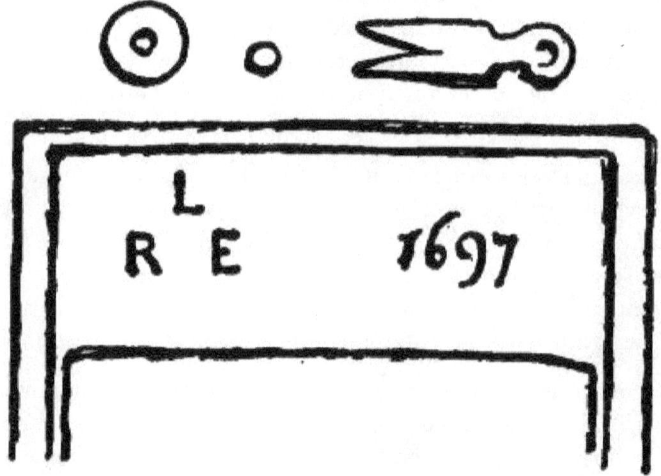

Vieille porte, PENRITH.

XXIV

LA guerre des Boers de 1899-1902 a laissé un mémorial au bord de la route à l'approche de Penrith, et un autre, sous la forme d'une belle statue de bronze, personnifiant la Victoire conférant l'honneur aux morts , se tient à côté de Middlegate, alors que vous partez vers le nord. « Scotland Road », face à vous, indique la frontière non loin, puis, à l'auberge « White Ox », les chemins se divisent : à droite l'Old Carlisle Road, à gauche la nouvelle. L'ancienne route est très raide et accidentée sur un mile. Le prince Charlie a défilé et a toute ma sympathie. Après avoir dépassé l'auberge « Inglewood », qui semble tristement se demander ce qu'est devenu le trafic, on rejoint l'autoroute existante – qui longe les traces d'une ancienne voie romaine – à Stony Beck. Sur la gauche, près de la gare de Plumpton, se trouvent quelques traces de la gare romaine de *Voreda* , connue sous le nom de Castlesteads ou Old Penrith. Elle a livré de nombreuses reliques. Il n'y a aucun signe de l'ancienne forêt d'Inglewood et des sangliers alarmants qui la fréquentaient, et la route - une route aussi excellente qu'on souhaiterait trouver - se dirige sans incident vers Carlisle même, le ruisseau Petterill sur la gauche . main. L'auberge « Pack Horse » se trouve au carrefour de Lazonby , là où se trouvait autrefois le péage de Salkeld, puis, à trois kilomètres de High Hesket, sur la gauche, s'élève la colline connue sous le nom suggestif de Thiefside : les voleurs en question, sans aucun doute, les vieux voleurs de chevaux, les pilleurs de bétail et les vagabonds chasseurs de mousse de la Frontière. High Hesket est un petit village en bord de route avec des maisons en pierre brute, généralement blanchies à la chaux, qui caractérisent désormais la route, à travers Cumberland et dans le Dumfriesshire. L'église de High Hesket, un petit édifice assez humble, avec un clocher au lieu de la tour, se dresse, honteuse d'ailleurs dans un enduit de compo, à proximité d'une autre vieille auberge délabrée du « Bœuf Blanc », autrefois occupée par le trafic d'une ancienne auberge. jour. Les automobiles n'en tiennent pas compte, ou s'arrêtent simplement pour cette dernière indignité dans une auberge, un seau d'eau pour refroidir leurs moteurs. En descendant vers Low Hesket, la route arrive rapidement à Carleton puis, par la rue sinueuse de Botchergate , au milieu de Carlisle.

CÔTÉ VOLEUR

Carlisle fut le premier et le plus solide rempart contre l'ennemi du Nord, et conserva ce caractère pendant près de seize cents ans, depuis l'époque reculée de la domination romaine jusqu'à l'union des royaumes sous Jacques Ier. L'endroit, situé sur une falaise rocheuse, surplombant les niveaux du Solway et de l'Eden, était, semble-t-il presque, destiné par la nature à cet office, et c'est ici que fut tracé le mur romain d'Hadrien, partant de la mer. vers la mer, de Wallsend près de Newcastle, à Carlisle, et se terminant sur le Solway Firth à Bowness. Ici, ils trouvèrent une ancienne colonie celtique, « Caer Lywelydd » ; mais ce n'est pas le site de Carlisle, mais plutôt Stanwix, sa banlieue nord, sur la rive opposée de l'Eden, qui formait la station militaire romaine de *Luguvallum* , *c'est-à-dire* la « station sur le mur ». Ce qui est aujourd'hui Carlisle était le règlement civil. Lorsque les Romains se retirèrent, pour défendre plus près de chez eux leur empire en décomposition, *Luguvallum* , peuplé de métis romano-britanniques, qui ne pouvaient pas se retirer avec eux, mena pendant des années un combat désespéré avec les sauvages d'Écosse d'une part, et avec les Saxons de l'autre. Les Saxons, comme presque partout ailleurs, finirent par l'emporter, et la ville devint dans leur langue « Caer Luel » ; d'où la transition vers « Carlisle » est l'une des plus faciles.

Carlisle, la grande ville-forteresse médiévale , doit son origine à Rufus. Le puissant Conquérant, qui soumit la plupart des autres parties de ce pays, restait à l'écart de Westmoreland et de Cumberland, qui étaient alors considérés depuis cent vingt ans comme des terres écossaises ; mais c'est sous son fils généralement méprisé que ces vastes terres furent reconquises pour l'Angleterre ; et le roi écossais Malcolm, envahissant l'Angleterre sur la côte est, pour se venger, fut tué en 1093, à Alnwick. La paix, cependant, ne devait pas régner sur ces terres contestées avant plusieurs siècles ; mais ce qui pouvait être fait fut accompli, et le château de Carlisle s'éleva, un sinistre donjon normand, au sommet le plus élevé de la ville. Au fil des années, elle fut agrandie et renforcée, et les solides murs de la ville y furent reliés ; et aujourd'hui, bien que les bâtiments d'usine et les cheminées enfumées au loin de Carlisle montrent assez facilement que la ville est désormais un lieu de commerce, le donjon normand couronne toujours sombrement la scène, partageant son ancienneté. éminence seulement avec la Cathédrale.

Mais malgré son château et les solides murs de la ville, Carlisle a été, bien plus de fois qu'on ne peut le compter, le théâtre de guerres, et a souvent été pillée et incendiée. Ce fut donc toujours une place d'armes. Dans tout le pays alentour, les hommes allaient armés à la charrue, et les grands seigneurs tenaient leurs terres du roi sous les plus strictes obligations de service militaire, et étaient commandés par le Lord Warden, dont les fonctions comprenaient le tir des balises et le rassemblement. de tous les hommes âgés de seize à soixante ans. Les petits tenanciers tenaient leurs champs et leurs fermes sous le nom de « tenements de bourreaux » et de « tenements de pied » et étaient tenus, selon leur degré, de combattre à cheval ou à pied.

Lorsque l'ennemi franchit la frontière, il y eut dans la ville de Carlisle une agitation semblable à celle qui accompagne le renversement d'une fourmilière. La cloche de la ville sonna, les citoyens se rassemblèrent sous les armes, et les femmes garnirent les murs (si l'on peut permettre l'expression) de bouilloires, d'eau bouillante et de tabliers pleins de pierres.

Il n'y a pas eu de pire moment dans cette longue histoire que le règne d'Henri VIII. La guerre avec l'Écosse avait apporté à ce pays la défaite écrasante de Flodden, où, selon les termes de la plainte écossaise, « les fleurs de la forêt étaient une mauvaise herbe » ; mais le résultat fut l'anarchie aux frontières, où vivaient des milliers d'hommes sans foi ni loi, que personne ne pouvait retenir. Le bureau du directeur n'était alors pas une tâche facile, et un Écossais du côté anglais, ou un Anglais du côté écossais, courait momentanément un danger de mort. Chaque homme était tenu d'expliquer sa présence, et dans les rues de Carlisle, personne ne pouvait parler, sans autorisation, à un Écossais, et aucun membre de cette nationalité n'était autorisé à vivre dans la ville.

RAIDERS

Le château de Carlisle resta à cette époque et longtemps après une place forte, mais rien n'est plus étonnant que la facilité avec laquelle les pillards surprenaient souvent même les châteaux les plus robustes. Prenons, par exemple, l'affaire du « hardi Buccleuch » et de Kinmont Willie, au temps de la reine Elizabeth. Les frontières étaient depuis longtemps exemptes de guerres à plus grande échelle, mais les incursions de troupes de mousse et de revivre ont survécu dans une grande partie de leur sévérité initiale, malgré la nomination à l'amiable des Lords Wardens anglais et écossais, qui étaient censés retenir les gens sans foi ni loi. de chaque côté des terres discutables entre les marches. Les tribunaux des gardiens étaient strictement dirigés dans les districts du Solway, et ceux qui y étaient rassemblés étaient garantis contre la violence des deux côtés. Mais en 1596, lorsque la Cour se réunit à Kershopeburn pour régler les griefs liés aux grands raids des Armstrong, qui étaient venus d'Écosse au nombre de trois mille et avaient transporté tout le bétail à des kilomètres à la ronde, les sentiments des Anglais furent modifiés. brut. Un homme notable parmi ces voleurs de bétail était ce même « Kinmont Willie », et les Anglais désiraient ardemment se venger de lui. A la Cour, il était protégé par les règles de cette assemblée, mais en partant, il fut assez imprudent pour partir seul, et ce à quoi on aurait pu s'attendre arriva. Il a été capturé et envoyé dans un donjon du château de Carlisle.

Tout le côté écossais de la frontière fut immédiatement en émoi face à cette violation des accords, et Sir Walter Scott de Buccleuch, gardien de Liddesdale , fut poussé à demander la libération du pillard. Buccleuch était une personne respectueuse des lois et aurait probablement été assez heureux de voir Kinmont Willie correctement pendu de son côté, mais cette rupture de l'accord entre les gardiens était un outrage à ne pas supporter.

SIÈGE DE CARLISLE

Lord Scrope , le directeur anglais, l'informa que l'affaire était si importante qu'elle devait être soumise à la reine ; et elle, à son tour, l'ignora complètement. Buccleuch résolut donc, à tout prix, de sauver le prisonnier, qui autrement aurait été bientôt pendu, et il se mit à la tête de deux cent dix esprits désespérés qui traversèrent la nuit l'Esk et s'approchèrent silencieusement de Carlisle, deux heures plus tard. avant le coup d'oeil du jour. Ils avaient amené avec eux, à cheval, des échelles pour escalader les murs du château et des pioches, et ils avaient fait une brèche près de la poterne. Que faisaient ces sentinelles qui ne s'alarmaient pas ? Dormir, sans doute. Quoi qu'il en soit, la garnison ne savait rien jusqu'à ce que les hommes de Buccleuch aient forcé l'entrée. Le cachot où le prisonnier était emmuré était connu, et il fut amené dehors, chaînes et tout, et emmené en toute hâte. Tout le groupe repartit rapidement et rentra dans son propre pays, avant que la poursuite ne soit correctement organisée .

Le dernier raid eut lieu en réalité en 1601, lorsque les royaumes furent unis par l'avènement de Jacques Ier, et alors qu'il était à Berwick, en route pour Londres. Plusieurs centaines d'Écossais sont alors venus piller Carlisle, et beaucoup ont été capturés et dûment pendus. Jacques, soucieux d'unir réellement les royaumes, ordonna que le nom de « Frontière », qui symbolise des siècles de guerre, soit remplacé par « les Midlands », mais le nouveau style ne semble jamais être devenu d'usage général ; et l'arrivée des Stuarts signifiait au fil des années bien plus de problèmes pour Carlisle et ses environs ; car c'est en 1644-1645 que la ville subit le siège le plus long et le plus sévère de son histoire. Elle fut détenue pour le roi et assiégée pendant huit mois par le général écossais Leslie. Les citoyens payèrent cher leur loyauté et furent réduits à manger des chevaux, des chiens et des rats. Des gens affamés poursuivaient dangereusement les chats errants sur les toits, à la vue des assiégeants, qui tiraient sur eux à longue distance ; et même les graines de chanvre sont devenues si chères que seuls les riches pouvaient se les permettre. La monnaie courante dans la ville était frappée à partir d'argenterie ; mais il y avait si peu de nourriture à acheter que, comme l'écrivait un chroniqueur de l'époque, « les citoyens étaient si affamés qu'ils ne pouvaient que se moquer les uns des autres, et voir leurs vêtements pendre sur eux comme sur des hommes sur des gibets. »

C'est lors de la reddition mettant fin à ce siège mémorable que la cathédrale de Carlisle a tant souffert. Le visiteur qui pose pour la première fois les yeux sur le vénérable monument se trouve déconcerté par ses proportions inhabituelles et a quelques difficultés à distinguer quelle extrémité est à l'est et quelle extrémité à l'ouest. Il a été utilisé, partout ailleurs, pour voir la nef d'une cathédrale beaucoup plus longue que son chœur, et pour voir le bâtiment s'étendre vers l'ouest à partir de la tour centrale cinq à six fois la longueur du membre oriental, ou chœur. Mais ici, après avoir définitivement pris ses repères, il aperçoit que le chœur fait plus de trois fois la longueur de la nef.

Cet aspect étrange de la cathédrale, qui semble avoir été physiquement tordue, est entièrement dû à la fureur avec laquelle les soldats se sont précipités sur elle après le siège. Alors qu'il y avait autrefois huit travées dans la nef normande, il n'y en a plus que deux : le reste servait à réparer les murs de la ville et à ériger des corps de garde : un curieux renversement de son usage ancien, car c'est de l'ancienne muraille romaine que provenaient ces pierres à l'époque normande.

END EST, CATHÉDRALE DE CARLISLE.

L'ACIER QUI FAIT PEUR

Mais Carlisle n'en a pas fini avec les ennuis, même lors du sacrilège de 1645. Elle s'échappe en 1715, car les rebelles évitent d'arriver à des affrontements avec une ville fortifiée ; mais il a appris intimement la rébellion de 1745, bien plus réussie. Mais à quoi servent les murs de pierre crénelés, s'ils sont occupés par des cœurs faibles ? Après tous les actes courageux du « joyeux Carlisle », il est triste de penser à quel point l'esprit martial était tombé en 1745, lorsque la milice, rassemblée dans la ville, a refusé de combattre les rebelles sous le commandement du prince Charlie. Un front audacieux aurait contraint les envahisseurs à laisser Carlisle tranquille ; mais les épées larges des Highlanders avaient tellement ce que les historiens militaires appellent « l'effet moral » que les miliciens refusèrent catégoriquement de courir le risque d'être fendus par ce terrible acier froid. Le pauvre colonel Durand, commandant — si l'on peut encore appeler cela un commandement qui n'obéit pas aux ordres — pouvait délirer, implorer et même pleurer, mais c'était inutile, et la ville fut rendue. Le prince Charlie était au camp à Brampton, à huit milles de là, et cela a dû être un moment de fierté pour lui — même si c'était une triste humiliation pour certains — lorsque le maire et la corporation sont sortis vers lui et lui ont offert à genoux les clés des portes. Le lendemain, le prince entra en triomphe, sur un cheval blanc de lait, devant lui cent joueurs de cornemuse. Cela a dû être un moment effrayant – pour ceux qui n'aimaient pas la cornemuse.

George II, à St. James's, commença à reconsidérer sa position en entendant cet échec signalant de ses protecteurs jurés, et de nombreuses personnes excellentes, quoique en service, haut placés commencèrent à expliquer les choses désagréables qu'ils avaient dites à propos du Stuart. Mais au bout de quelques semaines, comme nous le savons, les Highlanders se retirèrent ; et, réglant de nouveau leurs voiles, les politiciens et les idiots répétaient encore une fois leurs protestations de loyauté envers la maison de Hanovre et renouvelaient cette vieille citation de l'Apocalypse, chapitre XVII. verset 11, premier courant en 1715, par lequel ils affectaient de croire que Jacques II d'Angleterre et Septième d'Écosse, et son fils, le Prétendant (de *jure* Jacques III et VIII) étaient les sujets de la prophétie : « Et la bête cela était, et ce n'est pas, même lui est le huitième, et est des sept, et va à la perdition.

Trouve ingénieuse, il faut l'admettre, et suffisante, à condition que personne d'autre ne puisse se référer à l'Apocalypse et trouver une autre citation, un peu destructrice de la première. Mais tel était en fait le cas dans le verset précédent, qui dit très curieusement : « Et il y a sept rois : cinq sont tombés, et un existe, et l'autre n'est pas encore venu ; et quand il viendra, il devra continuer un court espace. Il y avait ces excellents Whigs qui, en lisant ceci, n'étaient pas entièrement heureux jusqu'à ce que les événements démontrent que la rébellion était absolument sans espoir.

Le duc de Cumberland reprit facilement la ville et captura avec elle l'arrière-garde dévouée du prince Charlie : le courageux colonel Townely et ses 120 hommes du Manchester Regiment, ainsi que plus de deux cents Highlanders et quelques Français. Ils furent logés dans la cathédrale, et de là emmenés dans une longue procession mélancolique jusqu'à Londres, là, selon leur degré, pour être décapités comme gentlemen, ou pendus comme de vulgaires malfaiteurs. Ils chevauchaient, pieds et poings liés, ou marchaient, encordés ensemble, tout au long du chemin amer.

LES DONJONS DU CHÂTEAU

Le duc n'était pas très impressionné par la valeur militaire du château. Il l'appelait « un vieux poulailler », mais il abritait assez solidement les autres misérables prisonniers qui furent envoyés à Carlisle après Culloden. Quatre cents d'entre eux attendirent leur sort dans les sombres cachots, pendant toute la chaleur de 1746, et en octobre les exécutions commencèrent. Quatre-vingt seize d'entre eux tombèrent aux mains du bourreau, et d'autres furent transportés au-delà des mers. Par lots d'une demi-douzaine ou d'une douzaine à la fois, ils furent rappelés de leur captivité et traînés sur des claies jusqu'au Golgotha hanovrien, Gallows Hill, au sud de la ville, où ils furent pendus puis cantonnés, dans le sanglant -esprit à l'ancienne; leurs têtes furent ensuite placées sur des poteaux au-dessus de la porte écossaise.

Vous pouvez encore voir des reliques de cette époque sauvage dans la cellule aménagée dans l'épais mur oriental du donjon : la prison occupée par Macdonald de Keppoch . Il évita l'ennui de l'emprisonnement en décorant les murs de dessins exécutés avec un clou, et ils y restent encore. À l'heure actuelle, le château de Carlisle est un dépôt militaire quelque peu délabré . La cour extérieure est un terrain de parade bordé de casernes, et la salle intérieure et le donjon sont des entrepôts du War Office. Mais c'est dans le cadre moderne et inattendu de la bibliothèque publique que le souvenir le plus tragique de cette époque met devant vous les dangers de la rébellion avec le plus d'acuité. Il s'agit d'un moulage en plâtre d'un monument érigé en l'honneur du Dr Archibald Campbell dans la chapelle Savoy de Londres. La chapelle a été en grande partie détruite par un incendie en 1864, ainsi que le monument en marbre. Le malheureux médecin était un non-combattant qui servait de chirurgien aux rebelles de Culloden et qui s'était enfui de ce champ désastreux à l'étranger. Il est retourné, après sept ans, dans sa maison écossaise, pensant qu'il pourrait alors le faire en toute sécurité ; mais il a été dénoncé et exécuté.

XXV

CARLISLE COACHING

LA plus grande figure du monde des entraîneurs dans le Nord était Teather, qui était le principal entrepreneur du courrier et des diligences sur tout ce long territoire de 166 milles entre Lancaster et Glasgow. Les carrières des Teathers reflètent les fortunes de la route. John Teather, le père, était à l'origine propriétaire du « Royal Oak », Keswick, qui ne se trouve pas sur la route principale vers le nord ; mais il quitta l'obscurité relative de cette ville de Lakeland pour les activités animées de Carlisle, et depuis cette position stratégique d'entraîneur, il conduisit les autocars à soixante-cinq milles au sud jusqu'à Lancaster et à 101 milles au nord, jusqu'à Glasgow.

Huit courriers entraient et sortaient quotidiennement de Carlisle, ainsi que sept diligences ; et quatre-vingts chevaux étaient gardés pour leur bon fonctionnement. Teather et son fils gérèrent cette importante entreprise : le plus jeune y succéda en 1837 et, dans le désastre général provoqué par l'extension du chemin de fer, vécut jusqu'à finir là où son père avait commencé, en tant que propriétaire du « Royal Oak » à Keswick.

Avec l'avènement du XIXe siècle, certaines mesures furent prises pour faire de Carlisle un port. On pensait qu'un canal maritime partant d'un endroit appelé Fisher's Cross sur le Solway jusqu'à Carlisle, sur une distance de douze milles, ferait de l'ancienne ville un lieu d'importance commerciale ; et en conséquence , le canal fut creusé entre 1819 et 1823, pour un coût de 90 000 £, et Fisher's Cross reçut le nouveau nom de « Port Carlisle ». L'entreprise n'a jamais payé ses frais, toutes les mesures qui auraient pu être prises au fil des années pour améliorer la situation étant rendues impossibles par l'arrivée des chemins de fer ; tandis que l'ironie du sort s'est abattue il y a longtemps sur le canal, lors de sa transformation en chemin de fer.

C'est en décembre 1846 que le premier chemin de fer arriva à Carlisle depuis le sud. Il s'agissait du Lancaster and Carlisle Railway, absorbé depuis longtemps par le London and North-Western. En septembre 1847, le chemin de fer calédonien, de Carlisle à Moffat, poursuivit une nouvelle étape avec les nouvelles méthodes et, en février suivant, il fut encore étendu jusqu'à Glasgow et Édimbourg. Ce fut forcément le coup mortel pour les autocars de la route principale. Mon vieil ami, MWH Duignan, de Walsall, qui se souvient de cette époque, a voyagé de Carlisle à Glasgow par la dernière voiture postale. Il s'est rendu à l'hôtel « Bush » et a réservé une place pour l'occasion.

Le comptable remarqua, lorsqu'il donna son nom : « Je pense que je vous ai déjà souvent réservé, monsieur, n'est-ce pas ?

"Oui", répondit le voyageur .

« Alors, monsieur, » répondit le commis en refusant l'argent, « M....... » – mentionnant le nom de l'hôtelier – « se fera un plaisir si vous acceptez une place et commandez tout ce qu'il vous plaira, à l'hôtel. ses frais. »

Mon ami a déclaré que c'était le courrier le plus gentleman qu'il ait jamais connu.

Le « Bush » a depuis été reconstruit, mais au château de Corby, à environ trois kilomètres de là, dans ce qui était autrefois la « salle hantée », est suspendue dans un cadre une intéressante vitre à l'une de ses fenêtres, inscrite par un personnage non moins remarquable. un voyageur que Hume, l'historien, avec le vers satirique, réfléchissant sur le « Bush », la cathédrale et Carlisle en général :

Ici, des poussins dans des œufs pour le petit-déjeuner s'étalent ;

Ici, les garçons impies, les gloires de Dieu éclatent ;

Ici, des chefs d'Écossais gardent le mur,

Mais les promenades de Corby expient tout.

Sir Walter Scott l'a constaté en 1825 et a fait remarquer avec humour dans une lettre à son ami Morritt les « œuvres poétiques de Hume ».

UN CENTRE FERROVIAIRE

La raison qui a fait de Carlisle au début la clé des dispositions militaires, et plus tard un centre de formation si important , a agi encore plus puissamment en en faisant le centre actif de nombreux systèmes ferroviaires qu'il est aujourd'hui. Carlisle a toujours fait obstacle à ceux qui voulaient passer par l'ouest entre l'Angleterre et l'Écosse. Aujourd'hui, les chemins de fer rivaux se réunissent tous dans une seule gare commune : et là, le London et le North-Western, le Midland et leurs alliés respectifs, le Caledonian, le North British, et le Glasgow et le South-Western, après de nombreuses discussions parlementaires. bataille dans le passé, composent leurs différends.

L'activité principale des entraîneurs fut ruinée si tôt, mais les entraîneurs secondaires restèrent néanmoins, et le dernier autocar, celui à destination d'Edimbourg par Hawick, ne quitta Carlisle pour son dernier voyage que le 31 août 1862. L'histoire des entraîneurs, cependant, est aussi peu illustré à Carlisle par des vestiges visibles comme l'histoire ancienne du lieu, car tandis que le « Bush » a été reconstruit, l'auberge rivale, le « Crown and Mitre », dans Castle Street, est devenue une taverne à café, et le « Blue Bell », dans Scotch Street, a visiblement connu ses meilleurs jours.

Si vous recherchez des portails sinistres, des murs à créneaux, etc., suffisants pour revêtir l'histoire émouvante de Carlisle, vous serez gelé dans l'ombre froide de la déception, car les rues de Carlisle sont larges, la plupart des maisons sont modernes et les chemins de fer. sont très au premier plan. La cathédrale est située dans un endroit obscur et le seul coin pittoresque est presque l'allée appelée St. Alban's Row. Même les vieux blocs de rehausse qui se trouvaient si abondamment près des bordures pour le confort des cavaliers et qui étaient une caractéristique de Carlisle, ont disparu. Seuls subsistent parfois des noms étranges de rues et de ruelles : parmi eux Rickergate , Whippery et Durham Ox Lane.

ST. RANGÉE D'ALBAN.

Carlisle d'aujourd'hui a une réputation commerciale. Elle fabrique des chapeaux, des fouets, des tissus, sans parler des teintureries, où les citoyens de Carlisle sont prêts (à un certain prix) à teindre pour leur pays. La fabrication du vichy, dont le secret a été volé il y a longtemps à Guingamp , sa ville natale, en Bretagne, occupe également une place importante, et la production de biscuits et de cartons constitue le récit de l'activité de la ville.

Mais Carlisle, malgré tous ces développements, semble un endroit pauvre et en aucun cas joyeux. Tous les divertissements ont cessé lorsque les raids et les meurtres sont devenus obsolètes, et les seules réjouissances que l'on puisse voir et entendre de nos jours ne sont pas celles des autochtones. On le trouve à la grande gare commune de Carlisle, à des heures hors saison, et il est fourni gratuitement, gratuitement, par des compagnies de théâtre itinérantes à destination de l'Écosse. Depuis deux générations, les bas comédiens des compagnies ont fait passer l'attente lasse à terminer parfois sur les plates-formes de Carlisle, et ont étonné les porteurs fatigués en dansant des rouleaux écossais et des danses de l'épée, accompagnés de cris diaboliques, ou ont exprimé le désir de avoir un « willie waucht », un « dee pour Annie Laurie », un « fou the noo » ou toute autre chose soi-disant écossaise. C'est l'un des congrès les plus appréciés de la profession théâtrale en tournée.

Cette grande gare ferroviaire commune — la gare de la Citadelle, comme on l'appelle — est voisine de deux énormes tours tambours d'aspect médiéval en grès rouge, restaurations de deux du même caractère construites au XVIe siècle. Ils n'en paraissent pas moins sombres car ils ne servent qu'à servir de cour d'assises et non de fortifications. Vous devez nécessairement passer entre eux en entrant dans Carlisle par la route de Londres, et ils sont parmi les premiers à dissiper toute idée que l'étranger aurait pu apporter avec lui selon laquelle Carlisle est vraiment « joyeux ».

Il y a quelque chose dans l'apparence moderne de Carlisle qui rappelle irrésistiblement un gamin en haillons vêtu d'un pantalon d'homme adulte. Beaucoup de choses sont trop grandes pour les circonstances. Deux éléments marquants parmi tant d'autres qui suggèrent cette comparaison sont les tramways électriques inutiles et le noble pont Eden, qui traverse la rivière jusqu'à Stanwix. Le pont, construit il y a cent ans, est monumental, et même les lampadaires, conçus à cette époque, sont beaux. Mais les câbles aériens des tramways sont une offense à l'esprit de la chose, et la ville de Carlisle s'en soucie si peu que de vilains lampadaires électriques sont placés à intervalles réguliers, et les belles vieilles lampes en fer qui pourraient si facilement et si joliment ont été adaptés, ne servent plus à rien.

XXVI

EN TRAVERSANT Stanwix, nous sommes enfin à la frontière, car ici courait le mur romain, sur son chemin de Wallsend, près de Newcastle-on-Tyne, jusqu'à Bowness, séparant la civilisation de cette époque de la sauvagerie inconnue plus au nord. Construit vers 121 APRÈS JC , à la demande de l' empereur Hadrien, il a gardé les « Pictes » peints et vêtus de peau dans leur propre pays sauvage pendant plus de trois cents ans et a employé une garnison considérable pour le patrouiller et exercer une vigilance continue le long de ces terres. des kilomètres amers et balayés par le vent. De nombreux centurions vaillants, condamnés à monter la garde dans ces anciennes marches, se sont sans doute penchés il y a longtemps par-dessus les remparts du Mur et, regardant vers la forêt hirsute et les broussailles au-delà, ont lancé des malédictions sur la « politique avant-gardiste » de Rome. qui a repoussé les limites de l'Empire dans le nord gelé, avant que les provinces les plus méridionales ne soient complètement colonisées. Ici, il n'y avait pas de société, ni de gloire dans la lutte contre les sauvages comparable à celle que l'on pouvait gagner dans les campagnes contre les armées de Carthage ou de Grèce.

Ici, dans cette forteresse murale de *Convagata* , il y avait en tout cas le quartier de *Luguvallum* , apparemment bien peuplé, mais la vie solitaire de ces gardiens de la vieille Rome dans les châteaux solitaires du mur devait être telle. extrêmement ennuyeux que les dangers d'un raid picte occasionnel seraient les bienvenus.

Même à une époque relativement moderne comme le début du XVIIe siècle, la frontière était peu connue. Camden parlait du tronçon nord de cette route, avant de visiter Cumberland en 1607, comme d'une partie du pays « s'étendant au-delà des montagnes vers l'océan occidental », et il était très préoccupé par les dangers que comporte même l'approche de ces forteresses éloignées. Il s'approcha des habitants du Lancashire avec « une sorte de terreur » ; mais, confiant dans la protection de Dieu, il résolut enfin de « courir le risque de la tentative ». Il est effectivement venu à la frontière, mais a découvert, en explorant le mur romain séparant l'Angleterre et l'Écosse, que le mur n'était pas seulement une division entre deux pays, mais marquait les limites de la civilisation . Il revint donc, frissonnant d'appréhension, laissant son projet inachevé.

CARLISLE.

Stanwix, site de *Convagata* , tire son nom du « chemin de pierre » que les Saxons y trouvèrent. À vrai dire, Stanwix moderne est un endroit désolé pour méditer sur les fortunes coloniales disparues de la Rome impériale, car le mur a disparu et l'église et le cimetière de Stanwix se dressent sur le site du fort. C'est aussi une église laide et précieuse qui a été construite ici : les premiers anglais uniquement par intention ; avec un cimetière lamentablement bondé autour. Une histoire pathétique est racontée par l'une des épitaphes : « Ici reposent les corps mortels de cinq petites sœurs, les enfants bien-aimés d'AC Tait, doyen de Carlisle, et de Catherine, sa femme, qui ont tous été retranchés en cinq semaines. .» Ils moururent lors d'une épidémie de scarlatine, en 1856. Une fenêtre commémorative leur est dédiée dans le transept nord de la cathédrale. « AC Tait » était, bien sûr, Archibald Campbell Tait, devenu ensuite archevêque de Cantorbéry.

Mais si Stanwix est si laid et si banal, le décor dans lequel il est placé est extrêmement beau. Plus grand est donc le crime de ceux qui en ont fait ce qu'il est. Il y a une belle descente herbeuse et raide, abondamment boisée d'arbres nobles, qui s'éloigne de la crête de Stanwix jusqu'à l'Eden, et longe ainsi la rivière sur un mile ou plus. « Rickerby Holmes » est le nom de ce magnifique long métrage. De ce point, vous bénéficiez de la plus belle vue de Carlisle.

LA FRONTIÈRE

C'est un pays plat et sans relief qui s'étend au nord de Stanwix sur neuf milles jusqu'à la frontière. Des villages misérables qui ne sont que des ensembles de chaumières décharnées, à peine meilleures que des masures, souvent construites en « dubbin », c'est-à-dire *en* argile et en paille, se produisent à intervalles réguliers. Presque tous, relativement modernes, ils soulignent sans équivoque qu'il n'y a pas si longtemps, vivre dans le pays discutable était dangereux et ne devait pas être envisagé par les respectueux des lois. Très bien en effet pour les vagabonds et les voleurs de vaches, mais pas pour les responsables ou ceux qui souhaitent une vie tranquille.

En passant Goslin Syke , là où un ruisseau marécageux traverse la route, nous arrivons à Kingstown, où la route bifurque à droite et à gauche. Sur cette dernière étape vers la frontière, cette séparation des chemins signifiait beaucoup pour les couples en fuite, à destination de l'Écosse et se mariant immédiatement après avoir atteint le sol écossais.

La géographie de Gretna et de la frontière est, en ce qui concerne les routes, quelque peu complexe et nécessite une explication minutieuse. Jusqu'en 1830, lorsque les vastes étendues de sable de l' Esk furent franchies, la voie pour les autocars et tout le trafic routier traversait Longtown par des détours, à droite de l'endroit où se trouve aujourd'hui la bifurcation des routes ; mais cette année-là, la Nouvelle Route, ou la « Route Anglaise », comme on l'appelait communément, fut ouverte, causant de nombreuses interférences avec ce que les habitants de Springfield en étaient presque venus à considérer comme leurs « droits acquis ». Car, comme le montrera le plan qui l'accompagne, Springfield se trouvait directement sur la route d'Écosse ; et Gretna Green simplement d'un côté. Mais là encore, il incombe à l'historien d'être prudent et de ne pas supposer de manière imprudente que les premiers mariages ont été célébrés à Springfield et auraient donc dû porter son nom. Curieusement, ce village n'a vu le jour qu'en 1791, lorsqu'il a été construit par le propriétaire foncier de l'époque, Sir William Maxwell, qui lui a donné le nom d'une ferme qui s'y trouvait. C'était alors, et pendant longtemps après, la maison de personnes prétendant être des tisserands, mais en réalité, presque sans exception, une bande de gardes-frontières ivres qui, lorsqu'ils n'étaient pas complètement ivres, étaient des contrebandiers, des braconniers et des gaspilleurs en général, et, vivant dans les marches des deux pays ne respectaient les lois d'aucun des deux.

Springfield, immédiatement après son essor, a emporté la plupart des affaires de mariage de Gretna, se rapprochant ainsi de la ligne de démarcation magique.

CARTE DES ANCIENNES ET NOUVELLES ROUTES DE
CARLISLE À GRETNA GREEN.

LA ROUTE DE LONGTOWN

Blackford, sur la route de Longtown, est le seul modèle invariable ici, et est suivi par le hameau de West Linton, par la rivière Lyne, où se trouvent un cottage ou deux, une ferme et les « Graham's Arms » blanchis à la chaux, avec sa devise. , « N'Oublie », restent coincés dans la boue. Des sapins et une route bordée de lauriers mènent ensuite à la route où l'église d'Arthuret , solitaire, sert de Longtown sans église, à 800 mètres de distance.

Dans le cimetière d'Arthuret , on peut voir une croix brisée, censée marquer la tombe d'Archie Armstrong, le célèbre fou de la cour de Jacques Ier et de Charles Ier. James l'amena vers le sud, depuis la frontière, où il s'était très tôt distingué comme voleur de moutons à Eskdale ; et son impudence et son invincible effronterie lui valurent une longue période de succès à la Cour. Mais il finit par aller trop loin, dans son inimitié envers l'archevêque Laud. Un jour, disant grâce à Whitehall, il s'est exclamé : « Grande louange à Dieu et peu d'éloge au Diable », et toute la cour a ricané ; mais quand, en 1637, il rencontra Laud à une époque où les Écossais se soulevaient contre les tentatives de dictée de l'archevêque en matière religieuse, et lui demanda : « Qu'est-ce qui est fou, le noo ? la licence du bouffon était devenue insupportable et il fut renvoyé. Il vécut encore de nombreuses années et se forgea la réputation d'un prêteur d'argent extrêmement usuraire, à qui toutes les pratiques brusques n'allaient pas. La croix représentée comme marquant son lieu de repos est en réalité une partie d'un ancien monument scandinave.

SIR JAMES GRAHAM

Un autre personnage, très célèbre à son époque, repose dans le cimetière : Sir James Graham de Netherby, qui était ministre de l'Intérieur en 1844, lorsque la correspondance de Mazzini et d'autres réfugiés politiques fut ouverte au bureau de poste général sous sa direction et lue. Graham reçut ses ordres du comte d'Aberdeen, ministre des Affaires étrangères, mais c'est Graham lui-même sur lequel tomba toute l'opprobre publique, et il remarqua, dans le véritable esprit de prophétie, que tout le reste qu'il avait fait serait oublié. , et on ne se souviendrait de lui que par ce misérable incident. C'est certainement une chose pitoyable et une véritable tragédie pour la fonction publique qu'un honorable monsieur qui, dans sa vie privée, aurait dédaigné de faire quoi que ce soit de méchant, entre dans l'histoire comme l'homme qui a violé le caractère sacré de la correspondance privée.

ÉGLISE ARTHURET

Il n'y a pas de grâces architecturales à Longtown. Chaque maison est comme sa semblable et chaque rue ressemble à toutes les autres rues. Comment alors les fêtards égarés, rentrant chez eux « fou », trouvent-ils le chemin de leurs domiciles particuliers ? Une tentative de modérer l'angularité austère de Longtown, sans pour autant donner de la variété à ses rues, se manifeste dans la plantation d'arbres quelque peu récente sur les routes.

Beaucoup de gens supposent que la rivière Esk à Longtown constitue la division entre l'Angleterre et l'Écosse. La supposition est assez raisonnable, car le véritable diviseur, le Sark, quatre milles plus loin, à l'approche de Springfield, est un cours d'eau très insignifiant en apparence. Ses implications politiques et sociales étaient cependant d'une importance très sérieuse.

Solway Moss est dépassé en chemin. Turner en a fait le sujet d'une des plus belles planches de son *Liber Studiorum* , et a importé dans la vue des montagnes qui n'existent pas, ainsi que des conditions météorologiques qui, heureusement pour l'auteur actuel, étaient également absentes lorsqu'il est passé par là. .

MOUSSE SOLWAY

[*D'après JMW Turner, RA*

Solway Moss est marqué sur les cartes avec les épées croisées conventionnelles qui indiquent une bataille. Ce n'est pas une bataille historique qui s'est déroulée ici, le 24 novembre 1542, mais ce fut l'une des victoires anglaises les plus complètes, et son histoire est empreinte d'une terreur particulière. Les Écossais avaient traversé la frontière en force et se dirigeaient vers leurs lignes de tir et de pillage habituelles pour l'assaut de Carlisle, lorsqu'ils furent accueillis à Arthuret par une armée dirigée par Sir Thomas Wharton, le vaillant gardien des marches de l'Ouest. L'offensive anglaise désorganisa les envahisseurs, qui s'enfuirent dans l'obscurité grandissante. Dix mille fugitifs se sont égarés et se sont retrouvés avec la marée montante sur les fatals Solway Sands. Certains ont jeté leurs armes et ont survécu, des milliers de personnes se sont noyées et beaucoup se sont rendues aux femmes. Pendant ce temps, le corps principal, poursuivi par les Anglais, errait dans l'autre sens à travers l' Esk et s'enfonçait dans la tourbière de Solway Moss, et était englouti, tué ou fait prisonnier. «Jamais», dit Froude, «dans toutes les guerres entre l'Angleterre et l'Écosse, il n'y eut eu de défaite plus complète, plus soudaine ou plus honteuse.» Jacques Quint d'Écosse est décédé le 14 décembre, le cœur brisé par cette catastrophe. C'était une complète revanche anglaise pour la défaite qu'ils avaient subie à Sercq, tout près, en 1449, près de cent ans auparavant.

LA ROUTE DEPASSANT SOLWAY MOSS.

Turner a donc raison de traiter le sujet de manière aussi romantique, et je ne suis qu'un simple reporter pictural, ne décrivant que ce que je vois. Mais en tout cas, tandis que Turner pourrait dissuader le pèlerin, avec sa tempête au-dessus et son insondable marécage en dessous, d'où apparemment quelques misérables s'échappent avec leur vie, vous voyez par le croquis moderne qu'il y a au moins une grande route dure qui passe par là. .

Maintenant que nous sommes arrivés à Sercq, et que nous l'avons traversé dans la longue rue de Springfield, et par la même occasion en Écosse, il est nécessaire de raconter longuement l'histoire des mariages de « Gretna Green ». On pourrait difficilement le raconter dans un environnement plus hostile, car Springfield n'est qu'une longue rue décharnée et sans relief, et ni l'auberge autrefois notoire « Queen's Head » à droite, ni le « Maxwell Arms » à gauche, ne contribuent à le soulager au moindre degré. Mais le diable est là si l'amour

ne peut pas jeter une teinte rose même sur une telle scène, et Springfield
semblait sans aucun doute envoûtante pour certains.

XXVII

La popularité des fugues de Gretna Green remonte à l'adoption de la loi sur le mariage du Lord Chancelier Hardwicke de 1754, par laquelle il était déclaré que « Toute personne célébrant un mariage dans un autre lieu qu'une église ou une chapelle publique, sans bans ni autre autorisation, doit, en cas de condamnation, être reconnu coupable de crime et déporté pendant quatorze ans, et tous ces mariages seront nuls.

MARIAGES DE FLOTTE

Cette mesure visait expressément à mettre fin aux scandales de longue date et croissants des soi-disant « mariages de flotte », qui avaient attiré l'attention pour la première fois en 1674. Les mariages de flotte, célébrés par les aumôniers de la prison de Fleet, à Londres. , a conduit à de nombreux abus. Constituées sous l'impulsion du moment, entre les prisonniers, incarcérés pour dettes ou autres délits , et les visiteurs autorisés à accéder librement sous la discipline laxiste de l'époque, les alliances les plus effrayantes ont été perpétrées en masse. Prisonniers ivres, femmes dissolues et pasteurs qui méritaient largement d'être défroqués étaient les acteurs de ces scènes, presque exactement égalées par les mariages clandestins similaires célébrés sur demande, à toute heure du jour et de la nuit, par les aumôniers du Savoy et par les propriétaires de bureau de chapelles privées à Mayfair.

Ces marchands de mariages gagnaient des revenus incroyables, les registres encore existants des honoraires d'un curé de la flotte en 1748 montrant que, pour le seul mois d'octobre, il ne reçut pas moins de 69 £ 12 *s.* 9 *j.* pour ses services. À la flotte, le 25 mars 1754, la veille de l'entrée en vigueur de la loi de Lord Hardwicke, il y eut une grande liquidation de l'entreprise, au cours de laquelle 217 mariages furent célébrés.

La sanction prévue par la loi n'était pas, dans les circonstances actuelles, trop sévère; car, en raison des maux causés par ces pratiques, il fallait décourager le plus possible ce trafic. Bien plus à l'époque qu'aujourd'hui, un mariage, une fois célébré, était irrévocable. Les tribunaux de divorce, chargés de réparer les préjudices matrimoniaux, étaient inconnus, et les ivrognes et les imprudents qui avaient participé si légèrement à un mariage dans la flotte étaient tenus de respecter leur marché à vie.

Mais la loi, aussi bénéfique soit-elle, n'a pas été adoptée sans une grande opposition, et même lorsqu'elle est devenue loi, son application s'est limitée à l'Angleterre ; de sorte que la seule difficulté sur la voie d'un mariage clandestin qui devait être suffisamment légal était celle de faire un voyage hors d'Angleterre ; que ce soit de l'autre côté de la Manche jusqu'à Calais, ou vers l'île de Man, ou de l'autre côté de la frontière vers l'Écosse, n'avait pas d'importance. L'île de Man fut pendant une brève période un lieu de prédilection , mais la House of Keys, la législature de cette île, vota en 1757 une loi interdisant les mariages autrement que par bans ou licence spéciale, avec une peine identique à celle prévue par les Anglais. Agir pour les ecclésiastiques qui devraient l'enfreindre ; tandis que tout laïc accomplissant une telle cérémonie était très sévèrement traité : les sanctions dans son cas étaient :

1. Être mis au pilori.

2. Perdre ses oreilles.

3. Être emprisonné jusqu'à ce que le gouverneur juge opportun de le libérer, contre paiement d'une amende n'excédant pas 50 £.

Après l'adoption de cette loi , nous entendons peu ou pas parler de mariages clandestins célébrés sur l'île de Man.

Les îles anglo-normandes, et particulièrement Guernesey, étaient alors parfois favorisées , mais les difficultés d'accès les empêchaient de devenir jamais populaires auprès des amoureux , qui très généralement, tout en étant prêts à souffrir beaucoup de choses, tiraient la limite du mal de mer.

AFFECTION FILIALE.

[D'après Rowlandson.

La Frontière, en fait, était destinée à être, avant tout, *le* lieu vers lequel se précipitaient les couples en fuite. « Lorsque la Grande-Bretagne, sur ordre du

Ciel, surgit de la source d'azur », elle fut scellée à une haute destinée ; et lorsque la frontière a été fixée entre les royaumes d'Angleterre et d'Écosse, elle semble, à différentes époques et périodes, avoir été aménagée dans le but exprès de fournir un refuge et un moyen de subsistance aux chasseurs de mousse, aux éleveurs de bétail et aux habitants en général. les gens sans foi ni loi des frontières. Il était donc tout à fait conforme à l'ancienne histoire de la frontière que, lorsque la force brutale s'éteignait et que les énormités juridiques prenaient sa place, elle devait être le refuge d'amants en fuite, dont une très grande proportion étaient des vauriens chasseurs de fortune s'enfuyant avec des sentiments stupides et sentimentaux. des écolières.

La fuite vers l'Écosse offrait des facilités exceptionnelles, car se marier au-delà de la frontière a toujours été (et est toujours) la plus simple des affaires ; la principale difficulté étant encore, comme Lord Eldon l'a observé il y a longtemps, de découvrir ce qui ne constitue *pas* un mariage en Écosse. Monseigneur lui-même parlait en doublement expert, car il était non seulement la grande autorité juridique de son temps, mais il s'était lui-même marié de l'autre côté de la frontière. En effet, Lord Deas était d'avis que le simple consentement, même en l'absence de témoins, constituait un mariage légal, tout comme à l'époque primitive où l'homme se contentait d'aller chez la femme et de l'emmener chez lui. Le pape Innocent III, qui ne paraît pas avoir été aussi innocent que son nom le laisse entendre, mit fin en 1198 à ce simple projet.

Aussi absurde que cela puisse paraître, la difficulté en Écosse n'est pas de se marier, mais de savoir comment ne pas le faire. Les simples reconnaissances verbales échangées : « Voici ma femme », « Voici mon mari » sont tout à fait suffisantes et tout aussi contraignantes que l'acte de mariage le plus formel jamais délivré par un évêque à son « bien-aimé » ; et même les mots prononcés en plaisantant, sans aucun souhait ou désir qu'ils soient sérieusement pris en considération, sont contraignants. Il ne faut pas supposer que les romanciers soient restés ignorants de ces coutumes étranges, et en effet Gretna Green en particulier, et les lois écossaises sur le mariage en général, font référence à « L'homme et la femme » de Wilkie Collins, à « La folie d'Elster » de Mme Henry Wood. » et « Little Ministry » de JM Barrie, entre autres romans.

« UNE FAUX ALARME SUR LA ROUTE : CE N'EST QUE LE COURRIER !

[*D'après CB Newhouse.*

pratiquée dans les premières années du XIXe siècle, était intimement liée à ces affaires et était censée être à l'origine de ces méthodes singulièrement lâches , mais avec l'augmentation de l'éducation et encore plus. la croissance du confort, puis la disparition rapide. Ces coutumes barbares, qui ressemblent en degré à certaines vieilles observances galloises, importaient peu à une paysannerie plongée dans l'ignorance, mais avec le développement du salariat et de la propriété, et le sens des responsabilités qui en résultait, ils ne pourraient en aucun cas survivre. Le « jeûne à la main » était la sélection, après approbation, d'une épouse ou d'un mari, qui vivrait ensemble pendant un an à l'essai. S'ils étaient mutuellement satisfaisants à la fin de l'année, ils devenaient mari et femme pour de bon ; sinon, ils se séparaient et étaient libres de choisir à nouveau. Les enfants, s'il y en avait, étaient à la charge du partenaire non content.

La Frontière devait sembler un lieu de villégiature paradisiaque pour les couples déterminés à échapper au Marriage Act de Lord Hardwicke, mais, curieusement, la vertu suffisante du premier pas franchissant la ligne de démarcation n'était pas au début généralement reconnue, et les amants éphémères ne l'étaient pas à l' origine . satisfaits jusqu'à ce qu'ils arrivent, en toute hâte, à Édimbourg, où, dans le Canongate, ils trouvèrent une foule de canailles vagabondes, vêtues de robes de Genève grasses et en lambeaux et se faisant passer pour des ecclésiastiques, qui faisaient leurs affaires à tout prix, quelles que soient les circonstances . semblait justifier, à partir d'un shilling et d'un verre de whisky, jusqu'à cinq guinées. Ainsi se marièrent Lord George Lennox en fuite et Lady Louisa Ker, fille du comte d'Ancrum, en 1759.

Ainsi, même si dès 1753, l'année précédant l'entrée en vigueur de la loi sur le mariage, un « mariage à Gretna Green » fut célébré par Joseph Paisley, le premier « prêtre de Gretna », ce n'est qu'en 1771 que le mariage à Gretna Green prit une telle ampleur. une institution reconnue qui a commencé à tenir des registres.

Gretna est connue dans le monde entier pour ses matchs incontrôlables, mais bien que ce soit de loin l'endroit le plus populaire, ce n'était en aucun cas le seul. N'importe quel endroit sur les soixante-dix milles solitaires de Border servait au même objectif, et Lamberton Toll, au nord de Berwick, et Coldstream n'étaient pas sans avantages, en particulier depuis Newcastle-on-Tyne, où ils étaient tout à fait à portée de main. Le futur comte d'Eldon, qui s'était enfui enfant avec ses Bessie Surtees, se maria à Lamberton ou à Coldstream.

Cependant, sur cette côte ouest, sur la « nouvelle » route vers Gretna, le véritable passage de la frontière se fait au passage de la petite rivière Sark, un demi-mile avant d'arriver à ce hameau plus célèbre. Bien que Gretna soit particulièrement célèbre et que Springfield, juste derrière, arrive en deuxième position dans l'estimation populaire, de très bonnes raisons pourraient être avancées pour donner à Sark Bar une place importante dans cette étrange histoire.

BARRE DE SARK.

Ce n'est rien d'autre qu'un ancien poste de péage situé au nord ou sur la rive écossaise de la rivière. Mais c'est là le problème. C'est le premier endroit sur le sol écossais, et beaucoup de vertus y sont donc attachées. Le nom de Gretna obscurcissait celui de tous les autres endroits dans l'esprit des étrangers, mais ceux qui étaient sur place, ainsi que tous les postiers entre Carlisle et la frontière, savaient mieux ; et ces fuyards qui étaient si mal à l'aise que le demi-mile supplémentaire jusqu'à Springfield ou Gretna signifiait toute la différence entre le succès et l'échec avaient des raisons de bénir Sark Toll Bar, ou Alison's Bank Bar, comme on l'appelle parfois. C'était un endroit hostile pour les parents et les tuteurs, et une triste désillusion pour tous les poursuivants. Ici, les pères, sur les traces des fugitifs, étaient généralement déjoués au moment même de la minute. Au moment de penser triomphalement qu'ils rattraperaient leur proie dans ce demi-mile supplémentaire, Simon Beattie, le gardien du péage, emmenait les jeunes créatures flottantes dans son poste de péage blanchi à la chaux à l'air innocent, et en présence du Les deux témoins nécessaires, dont le post-boy souriant, leur posaient les questions simples qui suffisaient : « Étaient-ils célibataires ? » et « Souhaitent-ils devenir mari et femme ? Tout était fini au moment où l'ennemi écumant jurait et donnait des coups de pied devant la porte verrouillée et verrouillée ; et lorsque Beattie le déverrouilla et présenta le jeune marié, il n'y avait plus qu'à essayer d'avoir l'air agréable, ou peut-être, dans les cas extrêmes, à donner un coup de fouet au jeune espoir ; ce qui, après tout, n'était guère politique.

Simon Beattie, entre quatre heures du samedi matin et le dimanche soir suivant, en novembre 1842, épousa pas moins de quarante-cinq couples au Sark Toll Bar, et son successeur, John Murray, remplit en une nuit la même fonction pour soixante-et-un. Pas étonnant que Murray ait pensé qu'il était possible d'amasser une fortune ici. Il construisit l'auberge « Sark Bar » à proximité, du côté anglais du Sark, mais il ne l'avait pas terminé lorsque le Lord Brougham's Act de 1856, ruinant toutes ces procédures de fugitifs, entra en vigueur ; et c'était la fin de ses espoirs.

Mais il existait manifestement en 1852, car il est mentionné dans un article paru dans *Household Words* de cette année-là, écrit par Blanchard Jerrold, qui décrit comment il a quitté Carlisle en train et est arrivé à la gare de Gretna, où il est descendu et a trouvé quelques qui descendit en même temps étant « abordé avec empressement par un ou deux hommes d'apparence commune. Ces individus font-ils des offres pour le transport des bagages du couple ? Le chef de gare regarde la chaleureuse conférence avec un sourire sardonique ; et d'un rapide mouvement de tête, il attire l'attention du garde sur le groupe intéressant. Le train avance et la conférence est interrompue. L'un des hommes conduit la dame et le monsieur jusqu'à un petit hôtel en briques rouges voisin ; et les autres se retirent mécontents. Je m'enquiers de cette rivalité, et on m'informe que c'est une lutte cléricale. Le petit hôtel en briques rouges est la propriété de M. Murray, qui habite également le célèbre péage qui se trouve sur la rive écossaise du ruisseau. Ainsi ce péage sagace se jette sur les couples à la gare ; les emmène à son « hôtel Gretna », puis les conduit dans une ruelle étroite et sur le pont jusqu'au péage, où il les épouse. De cette manière, il semble que Murray ait réussi à monopoliser les cinq sixièmes du commerce matrimonial. Il faut cependant remarquer qu'il y a une station Gretna et une station Gretna Green, et que cette dernière est le point qui dépose les couples heureux en face de Gretna Hall.

La concurrence était évidemment extrêmement vive pour avoir été jusqu'à inciter un marchand de mariages frontalier à construire un hôtel sur la rive anglaise du Sercq, et pour que ses agents et d'autres se soient disputés et disputés pour des affaires sur une plate-forme ferroviaire. comme tant de taxis. Le roman de Gretna a évidemment disparu, ne laissant que la lie sordide, lorsque le Glasgow and South-Western Railway a été construit, entre 1848 et 1850, et a été relié à Carlisle et à l'ensemble de l'Angleterre.

Les peintres et les graveurs ont trouvé le roman de Gretna très présent dans leur esprit, et il existe de nombreuses images de scènes sur la route et à Gretna elle-même. Deux des plus frappantes sont celles de CB Newhouse, montrant « Une fausse alarme sur la route : ce n'est que le courrier » et « À un mile de Gretna : le gouverneur en vue, avec une vis desserrée ». Dans le premier, nous voyons les amoureux arrêtés devant une auberge au bord de la route, les postiers s'enfuir avec des chevaux frais, tandis que la Royal Mail se précipite soudainement. Ils croient pour le moment qu'ils sont dépassés, mais retombent avec l'éjaculation sincère : « Ce n'est que le courrier. » Dans la deuxième image, nous avons les postiers fouettant et éperonnant les chevaux affolés, et le futur marié debout dans la chaise, tendant une nouvelle incitation à la vitesse, sous la forme d'un sac qui, par sa taille, semble contenir une modeste compétence à vie. Au sommet d'une colline lointaine, la chaise du gouverneur semble avoir eu un accident, et la poursuite est pratiquement terminée.

Le « Postillon sourd », photographié par George Cruikshank, semble avoir été une personne réelle, et l'incident qu'il illustre s'est réellement produit. Il était sourd comme la pierre, et alors qu'il poussait furieusement un couple anxieux vers le but de leurs espoirs, il ne remarquait pas que, dans les embardées et la chute de la chaise, les ressorts s'étaient brisés, laissant le corps derrière lui, tandis qu'il se précipitait, heureux. inconscient du désastre, avec le train avant.

"À UN MILLE DE GRETNA : LE GOUVERNEUR EN VUE, AVEC
UNE VIS DEsserrée."

[*D'après CB Newhouse.*

XXVIII

LE POST-GARÇON SOURD.

[Après Cruikshank.

DANS les jours joyeux de la route, Springfield était aux aguets. Les deux auberges, le « King's Head » (comme c'était alors le cas) et le « Maxwell Arms », combinaient les parties du bureau du registraire et de l'hôtellerie : les aubergistes doublaient les caractères de « prêtres » et d'hôtes : tandis qu'à Gretna Green même se trouvait Gretna Hall, un hôtel des plus confortables et même aristocratiques. Mais, en effet, n'importe qui pouvait, voulait et épousait tous ceux qui le demandaient, n'importe où. Il y avait là un libre-échange absolu ; seuls certains ont été plus vifs que d'autres pour tirer parti de ce privilège. Même les femmes peuvent appliquer la formule simple, même s'il ne semble pas qu'une femme l'ait jamais fait.

Les auberges, bien sûr, ont fait le choix de l'activité ; car la commodité de venir, fatiguée par l'excitation prolongée d'être poursuivie d'un pays dans un autre, se marier et se rafraîchir sous un même toit était si évidente qu'il n'était pas nécessaire d'insister sur ce point.

Les prix, bien entendu, variaient. Ils régnaient bas ou haut, selon que l'on paraissait pauvre ou riche, moyennement tranquille ou pressé frénétiquement, et les mariages ont été « célébrés » — les circonstances permettraient difficilement d'utiliser le mot « célébré » — car le pour l'amour, à un extrême, d'un verre de whisky et d'un mot agréable, et, à l'autre extrémité, pour un montant pouvant aller jusqu'à 100 £, et « Merde, faites vite ! » Il y a même eu des moments où l'offre de cette somme n'a pas abouti ; non pas, nous pouvons en être sûrs, parce que les indigènes à l'esprit vif se distinguaient par plus, mais uniquement en raison des circonstances atroces. Il vous faut imaginer un tel cas : l'heure minuit ; les gens plus ou moins innocents de Springfield et de Gretna dormaient. Une chaise, conduite au grand galop, apparaît, suivie de près par des parents exultants. Le village se réveille en un tour de main, car il dort toujours avec une oreille tendue ; et les « prêtres » rivaux se précipitent sur leurs vêtements, aussi vite que possible, désireux de gagner une rémunération qui, à en juger par les circonstances, devrait être substantielle. Et tandis qu'ils se dépêchent, ils entendent une voix rauque et désespérée s'écrier dans la rue déserte : « Cent livres à l'homme qui m'épousera ! » C'est le futur marié ; mais avant qu'ils puissent l'atteindre lui et son épouse élue, les poursuivants sont arrivés et ont enlevé la dame.

LA LÉGENDE DU « FORGERON »

Le « forgeron » est un mythe, issu sans doute de l'idée plus ou moins poétique de liens indissolubles qui se nouent. Il n'y avait pas de forges de forgerons ici à l'époque, et malgré d'anciennes gravures montrant des couples se mariant sur l'enclume, sous les yeux d'un postier, aucun forgeron ne semble jamais avoir été connu comme un « prêtre ». Ce terme était, bien entendu, une hypothèse absolument indéfendable ; mais il y a peut-être cette excuse pour l'idée du « forgeron ». Il semble que parmi ceux qui célébraient les mariages, il y avait un certain « Tom the Piper », proprement dit Thomas Little, de l'auberge « Maxwell Arms », qui, avec son fils, trouva le titre attrayant d'auberge « Gretna Wedding », et a accroché une pancarte peinte représentant la célèbre scène de forge.

Paisley, déjà mentionné comme le premier « prêtre », n'était rien de plus qu'un voleur de frontière ivre et un vaurien. Le colonel Hawker, écrivant à son sujet en 1812, dit : « Je dois mentionner que le vieil homme qui a officié pendant près de quarante ans, à 40 £, 50 £ et parfois 100 £ par travail, n'a jamais été forgeron. Le vieux Joe Paisley, car tel était son nom, était buraliste de métier. C'était un homme très grand et lourd, et il aurait pu mourir pour une grosse somme d'argent ; mais étant un ivrogne intolérable et un homme très instable, son argent partait aussi légèrement qu'il venait, et après qu'il eut célébré les mariages et renvoyé ses « couples d'imbéciles », ils ne pouvaient pas être plus désireux de suivre leurs occupations que sa révérence. c'était de se rendre péniblement dans une maison de whisky.

En 1791, Paisley, qui vivait jusqu'alors dans un cottage sur le Green, s'installa à Springfield, un peu plus près de la frontière, où il prit l'auberge « King's Head ». Avec sa destitution, son activité s'est considérablement développée. Il fut longtemps un objet de curiosité pour les voyageurs . Au moment de sa mort, vers 1814, il n'était qu'une masse de graisse envahissante, pesant au moins trente-cinq pierres ; il était tout à fait ignorant dans son esprit et insupportablement grossier dans ses manières. Bien qu'il soit un ivrogne habituel, il était rarement ou jamais vu « le pire pour » la boisson, et avait l'habitude, au cours des quarante dernières années de sa vie, de boire une pinte écossaise, égale à trois litres anglais, de brandy par jour.

JOE PAISLEY

Un jour, un autre esprit, un certain « Ned le Turner », s'assit avec lui un lundi matin autour d'un verre de cognac fort, et avant le soir du samedi suivant, ils chassèrent le tonneau vide de la porte ; ni l'un ni l'autre n'avaient été ivres, ni l'aide de personne pour boire. Paisley était célèbre pour ses poumons de stentor et ses puissances musculaires presque incroyables. Il pouvait facilement plier un puissant tisonnier sur son bras et était souvent connu pour redresser un fer à cheval ordinaire à l'état froid.

On racontait de lui qu'il avait un jour, alors que deux couples avaient simultanément besoin de ses services, épousé les mauvais mariés. Ils étaient consternés, mais pas Paisley. « Eh bien, alors, vous pouvez dire trier yersels , dit-il. Il n'était pas l'officier idéal de Cupidon, car il avait l'habitude de faire remarquer cyniquement que, bien que bien payé pour célébrer des mariages, sa fortune serait faite en une semaine s'il pouvait avec la même facilité prononcer des divorces.

Nous ne devons pas supposer que les couples en fuite se sont simplement rendus tranquillement à la frontière et ont été autorisés à prendre leur temps pendant le voyage. Pas du tout; et généralement, sachant que parents et tuteurs seraient bientôt sur leur trace, ils se dépêchaient autant qu'ils pouvaient. Que les poursuivants ou les poursuivis atteignent les premiers la frontière faisait toute la différence, car même si la loi écossaise n'aidait pas les parents et les tuteurs à interdire la cérémonie, il était toujours possible au père colérique d'une jeune femme sentimentale de la saisir et de donner au jeune Lochinvar le pouvoir. goût de fouet de cheval.

Certaines courses pour Gretna Green étaient si proches que les paris sur les concurrents se faisaient même parmi les spectateurs excités de la course-poursuite. Un piéton sur la grande route anglaise à moins d'un mile de la frontière écossaise serait rattrapé par un char léger, tiré à une vitesse de seize milles à l'heure par quatre des chevaux de poste les plus rapides que l'hôte de l'auberge principale de Carlisle pouvait se permettre. . Chaque postillon donnait un coup de fouet à son cheval fouetté à chaque bond de la créature furieuse, tandis que, tout aussi souvent, il plongeait ses éperons dans les flancs puants de l'animal qu'il chevauchait. Et tandis que les cavaliers le dépassaient à leur vitesse périlleuse, pâles comme la mort sur le visage, tandis qu'ils fouettaient et éperonnaient comme des jockeys à l'arrivée d'un derby au coude à coude, il voyait la tête du marié à la vitre avant du véhicule. , et je l'entends crier frénétiquement : « Vas-y ! Allez-y ! On s'éloigne d'eux ! Cinquante guinées à chacun de vous si nous arrivons à temps ! Cinq minutes encore et les poursuivants – deux vieux messieurs au visage rouge, entraînés au même rythme effréné dans un char similaire, tiré par des chevaux tout aussi rapides – se précipitaient devant lui. « Jusqu'où ? Devons-nous les attraper ? "Cinq minutes avant toi, pas plus." A peine la réponse aurait-elle été criée que le spectateur verrait la poursuite se terminer brusquement par la chute d'un cheval, la rupture d'une trace, le renversement de la voiture, ou quelque autre mésaventure qui aurait tout aussi bien pu arriver aux fugitifs et donné la victoire à leurs poursuivants.

ROBERT ELLIOT

Le « prêtre » le plus ancien et le plus célèbre après Paisley était Robert Elliot, qui épousa la petite-fille de Paisley, Ann Graham, au début de 1811 et vécut à l'ancien « King's Head » à partir de cette date. Lorsqu'il publia ses « Mémoires » en 1842, il affirmait qu'il était depuis vingt-neuf ans le « seul et unique curé de Gretna Green » ; un mensonge impudent réfuté par l'existence à ce jour des registres tenus par David Lang, qui de 1792 à 1827 épousa un grand nombre de personnes et fut particulièrement célèbre pour avoir épousé Edward Gibbon Wakefield et Miss Ellen Turner, qu'il enleva en 1826. David Lang avait été dans sa jeunesse un drapier ambulant. Lors de ses voyages vers le sud, à travers le Lancashire, il fut emmené par le Press Gang pour servir à bord des navires de Sa Majesté. Après de nombreuses aventures, dont celle d'être capturé par le pirate Paul Jones, il s'installa ici et fut au fil du temps remplacé par son fils Simon, décédé en 1872 et décrit par Blanchard Jerrold, qui visita Gretna. en 1852, comme « un vieil homme de rechange, habillé avec quelques prétentions de noblesse ». Son fils, William Lang, lui succéda à son tour, qui était facteur local et avait quelques faibles prétentions à être considéré comme un « prêtre » ; quelle que soit la valeur de ces revendications dans un endroit où, comme nous l'avons déjà montré, chacun a un droit incontesté d'épouser quelqu'un d'autre.

Elliot, cependant, était en quelque sorte un personnage littéraire, et dans l'histoire, les écrits sur Gretna Green occupent une place importante, à cause de ses propos imprimés : le mot imprimé étant, même pour ceux qui devraient mieux le savoir, sacré. La vérité, c'est qu'il n'y avait pas moins de quatre établissements importants consacrés au métier de marieur. Le fait n'est guère remarquable, si l'on considère le nombre d'entre eux qui se sont mariés à Gretna ou à Springfield ; à cette époque, il y en avait en moyenne quatre cents par an. Elliot n'en était qu'un. Il rend compte du nombre de ses mariés, commençant en 1811 avec 58 et se terminant en 1840 avec 42. Ses années les plus occupées furent de 1821 à 1836, et les plus occupées de 1824 et 1825, lorsqu'il épousa 196 et 198 couples. Au total, il épousa pas moins de 3 872 couples.

JOHN LINTON

Elliot, dans ses «Mémoires», a une vue de son auberge, qu'il appelle, avec une effronterie caractéristique, «La maison du mariage». Or, s'il existait une maison de mariage par excellence, de loin supérieure à toutes les autres, c'était certainement celle de Gretna Hall, construite en 1710 par un membre de la famille Johnstone, dont les armoiries richement sculptées subsistent encore au-dessus de la porte, même bien que les Johnstone aient disparu il y a plus d'un siècle, et bien qu'entre temps la propriété ait changé de mains à plusieurs reprises, et ait été une auberge et soit revenue à l'état de résidence privée. C'est vers 1793 que Gretna Hall devint une auberge : une auberge très supérieure, en effet, avec trois avenues qui y accédaient : une auberge où l'on gardait les « chaises de poste » les plus soignées et où les voitures s'arrêtaient. Il en fut ainsi jusqu'en 1851. John Linton devint propriétaire de Gretna Hall en 1825 et régna pendant vingt-six ans. Il avait été valet de chambre de Sir James Graham de Netherby et était généralement considéré comme un homme supérieur. Il n'épousait pas personnellement ses invités, qui étaient naturellement glanés au premier rang des fugitifs ; mais il employait généralement David Lang, et lorsque ce digne mourut, il le remplaça par un cordonnier de métier, et donc peut-être prédisposé à unir deux âmes ardentes. Il payait ses compagnons de petites sommes pour leur travail de voyage, tout comme votre digne clergé paie les vicaires pour leurs travaux . Malgré cette abstention personnelle de la part de Linton, il était généralement connu sous le nom de « l' évêque ». Le surnom montre immédiatement l'estime supérieure dans laquelle lui et son établissement étaient tenus, et comporte une satire implicite des très révérends pères en Dieu. Un récit rendu par John Linton à ses invités serait une curiosité, s'il était détaillé . Une belle somme était sans aucun doute prévue pour le mariage, parmi les dépenses insignifiantes pour la nourriture et l'éclairage. Bien qu'il ne officiât pas, il tenait chez lui les registres des mariages ; et ils existent toujours à Annan.

GRETNA HALL DANS LES ANCIENS JOURS.

Un mariage qui était en réalité un enlèvement et, en tant que tel, est devenu une affaire d'une notoriété extraordinaire, à la hauteur de l'incroyable audace de l'homme qui l'a perpétré, fut celui d'Edward Gibbon Wakefield et d'Ellen Turner, en 1826. La forme du mariage était joué au Gretna Hall, le 8 mars. Wakefield était alors veuf, âgé de trente ans. Il avait fait ses études à la Westminster School et, sous l'influence de la famille de sa première épouse, avait été nommé à la légation britannique de Turin. Il démissionna et vivait de son esprit à Paris lorsqu'il entendit parler par hasard de Miss Turner, une belle fille de seize ans et héritière d'une grande fortune. Elle était la fille d'un riche marchand - par la suite député de Blackburn, 1832-41 - vivant à Pott Shrigley, dans le Cheshire, et était à l'époque dans un pensionnat à Liverpool. Wakefield a inventé une histoire ingénieuse et plausible pour épouser la jeune fille et ainsi sécuriser son argent. En arrivant en Angleterre, il a appelé à l'école de Liverpool avec une lettre censée être de la main de son père, déclarant qu'il était malade et qu'elle devait rentrer chez elle en compagnie du porteur de la lettre. Aucun soupçon n'a été éveillé et la jeune fille a été autorisée à partir avec lui. Pendant le voyage en chaise de poste, Wakefield, qui semble avoir été un scélérat d'une adresse merveilleuse, lui dit que la maladie de son père était réellement supposée, et qu'il était alors un homme ruiné, fuyant ses créanciers pour l'Écosse. Ils devaient le rencontrer à Carlisle et traverser la frontière ensemble. À Carlisle, bien sûr, aucun père n'était trouvé, et Wakefield déclara alors que ses affaires étaient si graves que seul un mariage avec lui-même sauverait ses parents des horreurs d'une prison pour dettes. Si elle l'épousait, il avancerait immédiatement 60 000 £ à son père. L'histoire semblait des plus grossières et des plus peu convaincantes, mais elle s'imposa à Ellen Turner, et elle accepta, pour sauver son père, d'épouser Wakefield à Gretna.

Le lendemain du mariage, Wakefield l'emmena avec lui à travers l'Angleterre et à Calais. De ce point stratégique, il proposa de communiquer avec le père de la jeune fille et de s'entendre, mais Wakefield se retrouva très vite arrêté par la police française et envoyé en Angleterre pour y subir son procès aux assises de Lancaster, pour l'enlèvement de M. Turner. en attendant, réclamant sa fille.

Wakefield et un frère qui l'avait aidé furent condamnés chacun à une peine très légère de trois ans d'emprisonnement. Le mois suivant, le mariage fut annulé par une loi spéciale du Parlement. Un point curieux a été soulevé au cours du procès, le sergent Cross, au nom de l'accusation, déclarant que « si l'infraction avait été commise sur le sol anglais, les accusés auraient été condamnés, au cours de la loi, à une mort ignominieuse ».

Wakefield émigra ensuite en Australie et, en 1838, fut secrétaire de Lord Durham, au Canada. Les apologistes ont déclaré qu'il avait racheté ses premières fautes en étant utile dans les colonies, mais pour la plupart, il semblera qu'il était un homme extrêmement dangereux, traité avec trop d'indulgence. Il mourut en 1862.

XXIX

D'ELLIOT étaient le comte de Westmoreland et Miss Child, qui s'enfuirent en 1782. Le père de la jeune femme était le célèbre banquier londonien, dont la grande fortune et la perspective de l'épouser éblouirent le comte autant que la beauté. de sa fille et héritière. Elle tomba amoureuse du noble prétendant, dont la proposition ne plut cependant pas au banquier. « Votre sang, monseigneur, est bon, dit-il, mais l'argent est meilleur » ; et il a refusé son consentement. Mais le prétendant déçu ne fut pas découragé, et les amants s'enfuirent dans une chaise à quatre chevaux ; sa rusée seigneurie ayant organisé au préalable des relais de chevaux sur tout le trajet : prudemment, au point stratégique de Shap , louant tous les chevaux qui s'y trouvaient. M. Child, enragé, ne perdit pas de temps à le suivre. Utilisant tous les efforts que l'argent pouvait lui procurer, il parvint enfin à trouver les fugitifs changeant à High Hesket ; et, sautant de sa chaise, sortit un pistolet et tua l'un des chefs de leur transport. Au même instant, un des domestiques du comte courut derrière la voiture de M. Child et coupa les bretelles en cuir qui suspendaient le corps. Le comte et son amour sont partis avec trois chevaux, suivis par le père. Pas pour longtemps, cependant, car bientôt le corps s'effondra et la poursuite devint une arrière-garde à la traîne et désespérée. Cent guinées étaient les honoraires payés à l'heureux Elliot par le comte. M. Child est décédé moins d'un an après l'affaire, probablement de déception et de colère face à la désobéissance de sa fille. Rowlandson a, dans sa caricature « Filial Affection », dressé un commentaire plus ou moins précis sur cet incident. Le banquier prenait grand soin qu'aucun d'eux n'eût l'argent qu'il destinait à toute issue du mariage. Lady Westmoreland mourut en 1793, laissant six enfants, et le comte se remaria, ce qui suscite instinctivement une révolte.

La fille aînée de Lord et Lady Westmoreland, Lady Sophia Fane, hérita de la fortune et épousa le comte de Jersey ; et leur fille, Lady Adela Corisande Maud Villiers, suivit l'exemple de ses grands-parents ; s'enfuyant en 1845, à l'âge de dix-sept ans, avec le jeune capitaine Ibbetson, du 11e Hussards. C'était une nuit de novembre lorsque le couple ardent s'est envolé de la maison de la dame à Middleton Park, à Bicester. Ils n'ont pas fréquenté Elliot, mais sont allés à Gretna Hall. Ils arrivèrent à l'établissement de M. Linton le 6 et furent dûment mariés, comme le montre le registre survivant. Lady Adela mourut quinze ans plus tard, mais le capitaine Ibbetson survécut jusqu'en 1898.

Jack Ainslie, du « Bush », Carlisle, était un ennemi juré des parents et des tuteurs. Il signait perpétuellement son nom comme témoin des mariages, et était en fait un véritable conseiller auprès des écuyers et des demoiselles amoureux . L'avoir, dans sa veste jaune, sur le véhicule le plus proche leur valait autant de points que pour les avocats de retenir un KC de premier plan. Lorsqu'il était poussé fort, Jack connaissait des ruelles et des bois astucieux pour cacher les couples poursuivis. et il avait des routes d'occupation à travers les fermes, et toute cette sorte de géographie, au bout de ses doigts.

À une occasion, il surpassa complètement ses réalisations précédentes. Il avait conduit un couple en fuite à Longtown, et comme il pensait qu'ils prenaient cela un peu trop facilement, il leur avait fortement conseillé de traverser la frontière et de se marier avant de dîner. Ils étaient fatigués et ne voulaient pas être informés, alors il ramena ses chevaux à Carlisle et les considéra comme « juste de pauvres bêtes ».

Il n'était pas longtemps revenu lorsque la mère de la jeune fille et un officier de Bow Street se précipitèrent vers le « Bush » dans une chaise de poste. Il n'y avait pas une seconde à perdre, et Jack, sans dire un mot à personne, sauta sur un cheval et galopa vers Longtown. Il eut à peine le temps de voir les flâneurs entassés dans une chaise de poste, de s'asseoir et de franchir le « lang toun », que les poursuivants surgissaient en vue. La poursuite était si intense que le seul moyen était de tourner brusquement dans une voie. De là, ils virent l'ennemi passer en direction de Gretna et ainsi de suite jusqu'à Annan, où ils se trouvèrent en faute et abandonnèrent la poursuite. La côte étant ainsi dégagée, Jack ne supporta plus de bêtises, mais vit son couple dûment marié et témoigna avant de retourner à Carlisle. Les signatures de ce mariage étaient toujours regardées avec un certain triste intérêt, car l'époux fut tué l'année suivante, à Waterloo. C'était le « cas phare » de Jack. On se souvient longtemps de lui comme d'un « vieil homme civil, mesurant peut-être cinq pieds sept pouces s'il était allongé, et avec de si jolies jambes tordues ».

L'un des mariages les plus remarquables de ces mariages fugitifs fut celui de l'ancien lord chancelier Erskine, vieux et veuf, avec Sarah Buck, sa gouvernante, une veuve âgée avec une nombreuse famille d'enfants, qui les accompagnait.

LA VIEUX FORGERON, GRETNA GREEN.

« En 1818 », dit Elliot, « aussi loin que je me souvienne, le Lord Chief Justice Erskine est venu à Gretna dans une chaise et quatre chevaux, habillé en femme, accompagné d'une dame âgée et de quatre enfants. Quand je les ai vus pour la première fois, j'ai pris la vieille dame pour la mère des enfants et le savant Seigneur pour la grand-mère. Il me posa de nombreuses questions relatives aux mariages de Gretna, auxquelles je lui répondis comme à une femme, jusqu'à ce que par hasard j'aperçoive un bouton de son gilet à travers l'ouverture d'un foulard qu'il portait sur sa poitrine. Après avoir découvert que j'avais découvert son sexe, il a souri mais n'a fait aucune remarque. Il changea ensuite de costume, et je le mariai à la femme qu'il avait amenée avec lui. Je lui ai demandé pourquoi il était venu en tenue féminine ; il a répondu qu'il avait ses propres raisons pour cela. Il me donna vingt livres et reprit son costume de femme. Douze mois plus tard, à l'instigation de ses fils par une ex-épouse, il a souhaité divorcer selon la loi écossaise, mais a constaté, après procès, qu'il ne pouvait pas.

Erskine n'a pas été le premier grand avocat, selon beaucoup, à faire preuve d'une incertitude pratique quant au droit, aussi certain qu'il puisse être théoriquement. Il ne fit aucune autre tentative pour bouleverser la légalité du mariage et, en décembre 1821, un fils, baptisé Hampden Erskine, naquit de cet étrange couple. Erskine mourut, dans sa soixante-treizième année, en 1823.

ROMANCE CULMINANTE

Parmi les clients les plus célèbres des rusés marchands de mariage de Gretna figuraient l'héroïque Cochrane, dixième comte de Dundonald, et Miss Katharine Barnes, en 1812. Sur leurs talons venait le vicomte Deerhurst, fils du comte de Coventry, dont les honoraires du « prêtre » coûtait 100 £. Très tard dans l'histoire de Gretna eut lieu le mariage de Lord Drumlanrig, héritier du sixième marquis de Queensberry, et de Miss Caroline Clayton, en 1840. Le père de la dame, le général Clayton, s'était opposé à ce mariage, à cause de sa jeunesse, car elle était seulement dix-neuf à l'époque ; et le couple a décidé de franchir la frontière à la première occasion. Cela se présenta bientôt et, abandonnant la chaise de poste séculaire, ils montèrent à cheval jusqu'au bout, atteignant leur havre le 25 mai. Ce vaillant cavalier devint le septième marquis de Queensberry et fut accidentellement abattu en 1858, à Kinmont , alors qu'il était en train d'élever des lapins. La marquise lui survécut longtemps et mourut en février 1904.

Les circonstances de la fuite de Lady Rose Somerset, fille du septième duc de Beaufort, en 1846, avec le capitaine Francis Lovell, montrent que les anciens hasards étaient en train de passer. Ils prirent des billets de train et ainsi, sans chevaux tachetés d'écume ni postiers anxieux, ils arrivèrent à Gretna.

Mais l'incident de loin le plus romantique dans ces annales des fuites « au-delà de la frontière » fut le mariage de Miss Penelope Smyth, le 7 mai 1836, à Gretna Hall, avec Charles Ferdinand Bourbon, prince des Deux- Siciles et de Capoue, frère et héritier. présomptif à Ferdinand II, roi de Naples. Toute l'affaire se lit comme les vapotages d'un romancier extravagant du vieux type *Family Reader* . Miss Smyth était une belle fille d'Exeter, et en outre attirante pour un prince impécunieux du fait de sa possession d'une fortune de 20 000 £. Les circonstances de son séjour en Italie n'apparaissent pas, mais elle semble avoir été mariée au prince à Lucques, puis à Rome. Ils fuirent l'Italie pour éviter la fureur du roi de Naples, qui niait la légalité de l'union et affirmait qu'aucun mariage ne pouvait être contracté par un prince du sang royal sans le consentement du souverain régnant. Le prince semble avoir compté sur l'affection de sa sœur, la reine régente d'Espagne, pour arranger les choses, mais il fut repoussé à Madrid, la reine refusant de le recevoir, ni lui ni son épouse. Ils partirent ensuite pour Paris, puis pour l'Angleterre, après une troisième cérémonie, et s'envolèrent vers cet inévitable refuge qu'est la

Frontière. Puis, arrivés à Londres, ils ont demandé une licence auprès de Doctor's Commons.

Il n'y a aucun doute possible sur les intentions vertueuses de ce couple anxieux et très marié, et le rôle de «méchant de la pièce» est tenu par l'audacieux méchant «Bomba», le célèbre roi de Naples, qui a agi à la perfection. le personnage de frère tyrannique. Il chargea l'ambassadeur de Sicile de protester contre la délivrance de la licence, qui fut en conséquence refusée. Le couple intrépide se maria ensuite de la manière ordinaire, par bans, à Saint-Georges, Hanover Square.

Les vertueux vécurent heureux pour toujours et les méchants subirent le châtiment auquel, selon tous les canons de l'art dramatique, il fallait s'attendre, car le royaume de Naples fut aboli en 1861, et avec lui le roi Bomba et toutes les questions de succession. .

VERT GRETNA.

Le contributeur de *Household Words* en 1852 trouva John Linton mort et la gloire de Gretna Hall déjà partie ; mais Mme Linton était là, et il semble avoir reçu un dîner assez savoureux, tandis qu'il restait quelques bons cigares. Mais ce n'était pas pour dîner ou pour prendre des cigares qu'il venait. Il voulait des faits juteux pour son article. Il en a eu, mais ils n'étaient pas *très* juteux.

Tout, voyez-vous, parlait du Passé, et il en fut réduit à se voir montrer les «
registres », que la veuve Lang lui montra très jalousement. Ils étaient
enveloppés dans un vieux mouchoir de soie, et quand ils furent dénoués et
qu'il voulut les toucher, la vieille dame méfiante repoussa doucement sa main
et retourna elle-même les feuilles pour son inspection.

Partout dans la maison, des visiteurs disparus avaient griffonné leurs noms,
malgré l'inscription « S'il vous plaît, n'écrivez pas sur les murs, les fenêtres et
les volets », collée sur la glace de la salle à manger. Sur une vitre était
griffonnée la confession franche, peut-être faite après des années de
désillusion : « John Anderson s'est ridiculisé à Gretna, 1831 » ; et dans un
livre d'or graisseux, il trouva les habituelles remarques grivoises. Avec l'air de
désolation qui pesait sur tout, il demanda depuis combien de temps le dernier
mariage y avait été célébré, attendant une réponse en termes d'années ; mais
l'hôtesse se tourna vers la servante qui posait le drap et lui dit : « Est-ce que
c'était mardi ou lundi dernier que ce couple est venu ? La femme de ménage
a dit que c'était "lundi".

Oh! quelle surprise.

Gretna Green elle-même est un petit endroit, et aujourd'hui aussi ennuyeux.
La Halle, située dans son terrain privé, n'est qu'une demeure de campagne.
Les officiers de la garnison de Carlisle ne « viennent plus une fois par semaine
pour se marier », comme me l'a gentiment suggéré la dame ; et personne
n'abordera l'étranger et ne laissera entendre que c'est un beau jour pour un
mariage. *Eheu ! fugaces* .

XXX

L' autocar Dumfries bifurquait à Gretna, mais de nos jours seule une automobile occasionnelle s'arrête dans le village, son conducteur perplexe devant la multiplicité des routes, et, s'il est un Southron, non moins perplexe devant le large accent du Dumfriesshire dans lequel ses demandes de renseignements sont répondus. Car, d'un coup, aussi soudain que la ligne de démarcation entre les deux pays, les Écossais ont succédé aux Anglais. A Longtown même, les gens sont anglais ; ici et désormais, le discours écossais et les physionomies écossaises, sinon le costume national, occupent une place importante. Il n'y a pas de mélange, à ce jour.

Je ne suppose pas que les habitants du Dumfriesshire se rendront compte de l'existence de leur dorique. Ils seront comme les amis de ce fermier qui partit vers le sud et qui, en rentrant chez lui, se plaignit que l'« Anglais » faisait des « remarques » sur son discours. "Mon," dirent-ils, "nous ne savions personne nous n'en avions qu'un auxent à un'.'

L'Écosse était autrefois une terre presque inconnue des Anglais, et en fait elle le resta en grande partie jusqu'à ce que la préférence de la reine Victoria pour la Grande-Bretagne du Nord entraîne une exploitation à la mode de la Calédonie ; mais une ignorance telle que celle de la dame qui déclarait qu'elle « n'était jamais allée en Écosse parce que la traversée lui avait donné le mal de mer » ne peut jamais avoir été courante.

Thomas Kirke, qui, de par son nom, aurait dû lui-même être Écossais, publia en 1679 un « Modern Account of Scotland » qui était soit une plaisanterie (de mauvais goût), soit une tentative d'exploiter cette ignorance. « L'Écosse, écrit-il, est comparée à un pou dont les pattes et les bords gravés représentent les promontoires et les aboutements dans la mer, avec plus de coins et d'angles que la plus vaniteuse des crèmes anglaises de mon lord-maire ; la comparaison ne détermine pas non plus ici ; Un pou se nourrit de son propre nourricier et conservateur, et produit ces petits animaux appelés Nitts ; ainsi l'Écosse, dont la trompe est trop proche de l'Angleterre, a sucé la nourriture du Northumberland.

Thomas Kirke, on le remarquera, n'aimait pas les Écossais. Mais il pourrait être bien plus abusif que le spécimen déjà cité.

" *Nemo ne impun Læcessit* », continue-t-il : « C'est vrai : quiconque s'en occupera sera sûr d'en avoir mal. Le chardon a été joliment placé là, en partie pour montrer la « fertilité » du pays, la nature seule produisant beaucoup de ces gais fleurs; et en partie comme emblème du peuple, le sommet ayant une certaine couleur de fleur, mais la masse et la substance ne sont que des piqûres acérées et venimeuses .

L'ENTRAÎNEUR DUMFRIES.

[*D'après CB Newhouse.*

De nombreuses informations peu fiables et de qualité peuvent être extraites des pages classiques de Thomas Kirke. Ainsi, « l'Écosse vient de Scota, fille de Pharaon, roi d'Égypte. Que les Écossais dérivent des Égyptiens n'est pas douteux, à cause de diverses circonstances considérables : les plaies d'Égypte leur ont été imposées ; celle des Poux (étant un jugement non abrogé) est un ample témoignage. Ces animaux aimants les ont accompagnés depuis l'Égypte et restent avec eux jusqu'à ce jour, ne les abandonnant jamais (sauf comme les rats quittent une maison) jusqu'à ce qu'ils tombent dans leurs tombes. La peste de Biles et Blains leur est héréditaire, comme une marque distinctive du reste du monde, qui (comme le sabot fourchu du diable) avertit tous les hommes de se méfier d'eux. Le Jugement de la Grêle et de la Neige est ici naturalisé et rendu libre à Denizan , et continue avec eux à partir du Soleil ; première entrée dans le Bélier, jusqu'à ce qu'il ait dépassé le 30ème degré du Verseau .

« On disait que les Plaies des Ténèbres étaient des ténèbres épaisses, ressenties, dans lesquelles ces gens ont sans aucun doute une part : les ténèbres étant applicables à leurs compréhensions grossières et grossières (comme je l'ai eu d'un érudit de leur propre nation).

"Ils n'ont pas de bois : cela ne convient pas à la frugalité du peuple, qui est si loin d'en propager, qu'il détruit ceux qu'il avait sur cette politique. Maxime d'État, que le blé ne poussera pas sur la terre harcelée de ses racines, et leurs branches abritent des oiseaux, des animaux au-dessus de leur humble conversation, qui ne dépasse pas celle des quadrupèdes sans cornes ; se marier, peut-être que certaines de leurs maisons se cachent sous l'abri d'un arbre dodu (les oiseaux n'osent pas une si haute présomption) comme le Chat de Hugh Peters dans sa Majesté, ou un hibou dans un buisson de lierre. Il y a quelques bois de sapins dans les Hautes Terres, mais si inaccessibles, qu'ils ne servent d'autre usage que de tanières à ces loups voraces à deux mains, qui s'attaquent à leur voisinage et s'abritent sous ce couvert ; pour qui la vue d'un étranger est aussi surprenante que celle d'une Cocatrix. Les vallées sont pour la plupart couvertes de Beer ou Bigg, et les collines de neige.

« Si l'air n'était pas si pur et si raffiné par son agitation, il serait tellement infecté par les puanteurs de leurs Villes et la vapeur des Méchants Habitants qu'il serait pestilentiel et destructeur.

« Les gens sont des vantards fiers, arrogants et vaniteux ; Bouchers sanglants, barbares et inhumains. Couzenage et Theft sont parfaits parmi eux, et ils détestent parfaitement l'Angleterre. Leur esprit est si méchant qu'ils volent rarement, mais ils leur enlèvent d'abord la vie. Allongés en embuscade, ils envoient une paire de balles à travers le corps du voyageur et, pour s'assurer du travail, ils rangent leurs Durks dans sa malle sans vie .

« Leur cruauté descend jusqu'à leurs bêtes, c'est une coutume dans certains endroits de se régaler d'une vache vivante. Ils l'attachent au milieu d'eux, près d'un grand feu, puis coupent les morceaux de cette pauvre bête vivante, et les font griller sur le feu, jusqu'à ce qu'ils l'aient mutilée en morceaux. Bien plus, parfois ils ne coupent que la quantité nécessaire. ce qui satisfera leurs appétits actuels, et la laissera aller jusqu'à ce que leurs estomacs avides réclament une nouvelle provision : une cruauté si horrible qu'il est difficile d'en comparer dans le monde entier.

MANIÈRES ET COUTUMES

« Les Highlanders ne parlent que l'erse, les Lowlanders comprennent et parlent l'anglais, mais ils sont si curieux que si un étranger demande le chemin en anglais, ils répondront certainement en erse et ne trouveront aucune autre langue jusqu'à ce que vous la leur forciez avec un gourdin. »

Espérons, pour le bien des voyageurs , qu'ils n'ont pas suivi ce conseil. Mais suivons M. Kirke à l'intérieur. Il s'agit, selon lui, d'un intérieur écossais : « Entrer dans une cuisine, c'est entrer vivant en Enfer : le ragoût et la puanteur sont à vous étouffer », tandis que « Ils ont de la musique, mais pas l'harmonie des sphères, mais de forts bruits terrestres ». , comme le beuglement des bêtes : la cornemuse bruyante est leur principal délice.

Quant aux auberges : « On les appelle des vestiaires, de pauvres petites chaumières, où il faut se contenter d'emporter ce qu'on trouve, peut-être des œufs avec des poussins dedans, et du Long Cale ; chez les meilleurs d'entre eux, un plat de poulets hachés , qu'ils considèrent comme un plat délicat, et le prendront mal si vous n'en mangez pas très copieusement.

Curieusement, il ne parle pas du porridge. Mais saint Jérôme attribuait l'hérésie de Pélage à son alimentation avec de la bouillie d'avoine, ce qui pourrait peut-être être responsable de plus de difficultés religieuses que nous ne le pensons. L'hérésie de Pélage (dont le vrai nom était Morgan, et lui-même probablement gallois) était divisée en six points, le principal d'entre eux étant ce que l'on est tenté de qualifier de point de vue « de bon sens » selon lequel le péché d'Adam se limitait à son propre personne. L'audacieux Pélage fut condamné, en 418 APRÈS J.-C. , COMME hérétique , mais il vécut néanmoins jusqu'à l'âge de soixante-dix ans : un homme gros et joyeux, à tous points de vue, et aux opinions nettement anti-célibataires.

Il est rare, de nos jours, de voir un plaid, et pas souvent un kilt. Nulle part on ne retrouve aujourd'hui ce spectacle qui étonnait autrefois les voyageurs : le spectacle de gens de la campagne marchant pieds nus, portant des chaussures et des bas à la main, par souci d'économie, jusqu'à ce qu'ils atteignent les abords d'une ville, où, pour l'apparence, ils les mettaient. sur. Ce pays autrefois pauvre s'est développé bien au-delà de cela. Mais les kilts constituaient le seul vêtement vestimentaire au moment de la rébellion de 1745, lorsqu'un mécontent détachement de rebelles les trouva plutôt embarrassants. Un subalterne anglais, à la tête de quelques hommes, eut la chance de s'assurer un corps de rebelles numériquement supérieur, et ne savait absolument pas quoi en faire lors de sa marche vers Carlisle ; craignant qu'en chemin, se trouvant plus puissants, ils ne se retournent contre sa petite force et ne se vengent d'une terrible vengeance. L'heureuse idée lui vint de faire couper les ceintures des kilts des prisonniers avant le début de la marche : et ils partirent ainsi ; les Écossais étant trop occupés à relever leurs jupons pour être dangereux de quelque manière que ce soit.

Ce n'est que lors des occasions festives que le kilt est à l'honneur, dans toutes ses variétés barbares de tartan. Le tartan Royal Stuart est une affaire saisissante de rouge vif, avec un motif de rayures vertes, noires, bleues et blanches, calculé pour faire s'évanouir un esthète . Le tartan Macmillan plairait à la vieille négresse qui ne voulait « rien d'extraordinaire : juste du rouge et du jaune tout simplement ». Il est jaune vif avec un motif à carreaux rouge clair. L'un des clans Macdonald arbore un joli vêtement rouge avec des motifs vert vif. Un tel goût vestimentaire semble étrangement en contradiction avec le tempérament religieux calviniste et gris de l'Écosse et un défi direct aux cieux mornes du Nord.

Prétendre de ce vieil amour de la couleur dans les vêtements un plaisir correspondant pour les fleurs serait une erreur, car l'Écosse rurale possède en effet peu de cottages de type anglais, avec des roses et des jasmins en grappes et une grande richesse de couleurs dans son jardin à l'ancienne. . Dans tout le Dumfriesshire et le Lanarkshire, sur quatre-vingt-cinq milles le long de la route de Glasgow, les chalets de campagne ne sont que des boîtes à vivre sans ornement, et les jardins de fleurs sont des vanités auxquelles on ne s'adonne pas. Peut-être y voyons-nous, encore une fois, le caractère pratique écossais. qui a fait progresser l'Écosse jusqu'à présent sur la voie de la richesse matérielle, a fait de Glasgow ce qu'elle est et a placé les Écossais dans des positions dominantes.

La ténacité proverbiale des Écossais a engendré de nombreuses bonnes histoires, dont celle du fermier revenant du marché est l'une des meilleures. Attaqué par trois costauds voyous pour l'or qu'il était censé porter, il s'est battu désespérément, abattant l'un de ses assaillants d'un coup qui l'a rendu insensé, jusqu'à ce qu'enfin un coup de crosse bien lancé dans le ventre l'ait abattu ; sur quoi les coussinets effleurèrent complètement ses poches. Mais malgré leurs recherches diligentes, ils ne trouvèrent qu'une pièce de six pence, au lieu de la richesse espérée.

"Mon Dieu!" s'écria l'un d'eux en sentant son visage meurtri, s'il avait eu dix-huit deniers, il nous aurait tués tous les trois.

Les qualités « rusées » des Écossais n'ont jamais été aussi admirablement illustrées qu'à cette occasion, lors de la saison de football de 1905, lorsque la visite de l'équipe néo-zélandaise, connue sous le nom de « All Blacks », était en cours d'organisation. Les autorités de Glasgow n'étaient pas encore parvenues à se faire une idée précise des qualités des Néo-Zélandais, ni du grand rassemblement de spectateurs que tout match auquel ils étaient engagés attirerait ; ils refusèrent donc prudemment l'offre de la moitié de l'argent de l'entrée et stipulèrent une garantie d'environ 50 £, concédant la « porte » aux visiteurs.

Un accord fut conclu sur cette base, mais à mesure que la saison avançait et que les triomphes extraordinaires des Néo-Zélandais ailleurs montraient clairement que le « gate » du match de Glasgow serait phénoménal, les Glasgowiens firent des tentatives héroïques pour modifier l'arrangement. sans succès.

Un nombre incroyable de saxpenences ont été dépensés pour cette affaire, car les habitants de Glasgow ont reçu 50 £ et ont payé plus de 1 000 £, pris aux portes. Et les Néo-Zélandais ont remporté la partie, en plus de mettre la main sur le butin. L'Ecosse était sûre Vous savez, j'ai humilié la journée et je l'ai montré avec aigreur. Les Néo-Zélandais sont arrivés sans accueil dans la ville, ont été « hués » sur le terrain et sont repartis au milieu d'une sorte de manifestation hostile.

XXXI

IL n'y a rien du tout de la description « Calédonienne austère et sauvage » du paysage le long de ces premiers kilomètres. Le pays devient agréablement vallonné, des villages sont placés ici et là le long de la route, et un chemin de fer passe en compagnie, avec le ruisseau de Kirtle Water à proximité . Kirkpatrick est le premier village. Au-delà, l'ancienne route d'avant Telford part vers la droite, sur près de deux milles, et rejoint à nouveau la route moderne à Merkland , en passant devant une ancienne frontière de granit entourée de buissons de houx. Celui qui recherche des informations en bord de route peut acquérir une très grande partie de « l'histoire » très peu fiable à propos de cette croix. À la forge au bord de la route, tout près, les forgerons vous disent qu'il s'agit du mémorial d'un homme qui a été abattu depuis la tour Robgillt – ou « Toe-er », dans la prononciation locale. On ne peut pas dire si l'homme qui a été abattu méritait un monument commémoratif, mais le tir lui-même mériterait certainement un monument. C'est loin, en effet, car la Robgilt Tower se trouve à un bon kilomètre ! La tour Bonshaw, plus proche, semble plus probable. Une autre histoire, très répandue dans le quartier , est que les hommes de ce quartier vendaient ici leurs femmes.

En passant par Kirtlebridge et sa gare, et en traversant Kirtle Water et Mein Water, nous arrivons à travers de très jolis paysages boisés et ressemblant à un parc, jusqu'à Ecclefechan : un lieu très célèbre aujourd'hui et un lieu de pèlerinage depuis la mort de Thomas Carlyle, en 1881. Pour Ecclefechan était le village natal de ce prophète, adorateur de héros et apôtre du travail des derniers jours.

Mais il y a à gauche de la route, à l'approche de Mein Water et du parc de Burnfoot , un point de repère peu connu de Carlyle qu'il convient de noter. Le petit cimetière de Pennersaughs contient, entre autres, les tombes de son grand-père et de son arrière-grand-père.

De nombreux débats ont été consacrés à la signification d' Ecclefechan . « Ecclesia Fechanis » serait à l'origine du nom ; mais qui était saint Fechan, qui est censé avoir fondé l'église originale ici, est plus que quiconque n'est prêt à le dire avec certitude. Les sceptiques le déclarent catégoriquement comme un mythe : une sainte « Mme. » Harris » ; tandis que les Gallois pourraient déclarer que « Ecclefechan » est « Eglwys vychan », *c'est-à-dire* « Petite Église », et aucun ne serait en mesure de donner raison.

ECCLEFECHAN : MONTRANT LE LIEU DE NAISSANCE DE
THOMAS CARLYLE.

Carlyle, dans un éclat mémorable, déclara un jour que « le pittoresque » était pour lui « un simple ennui » et que « de simples collines et des champs, avec des ruisseaux et des haies parmi eux » étaient ce qu'il y avait de mieux à son goût. Si cela était authentique, et non une pure perversité carlyléenne, pourquoi alors Ecclefechan , son village natal, était le lieu de naissance idéal, car c'est la simple négation de la beauté et du pittoresque. Il a pourtant une certaine qualité intéressante. Il a du « caractère ». Car vous ne pouvez pas choisir une maison individuelle et souligner sa beauté, mais bien qu'Ecclefechan soit dans ses composants constitués exactement des mêmes matériaux que cinquante autres villages d'Annandale, il y a une personnalité distincte qui serait évidente même si la aucune association stimulante avec Carlyle n'était présente. Une brûlure précipitée descend d'un côté de la rue et les martinets volent et crient au-dessus de nous. Parmi les maisons grises et blanches sans assurance, il y en a une avec une arcade et au-dessus une fenêtre pittoresque de caractère quasi jacobéen. Il s'agit de la maison d'habitation construite par le père et les oncles de Thomas Carlyle vers 1791, et au-dessus de la porte se trouve l'inscription simple : « Lieu de naissance de Carlyle, 4 décembre 1795 ». À côté de la porte elle-même se dresse un rocher, maintenant gravé d'une citation carlyléenne caractéristique : « Ce rocher inactif » ; et toujours, au-dessus du chant strident des martinets, on entend le murmure du ruisseau à quelques pas de là : « le petit Kuhbach qui jaillit gentiment ».

«La maison en arc», comme on l'appelle localement, a été construite avec cette arcade centrale pour permettre à ces trois frères maçons, James, Frank et Tom, de stocker les matériaux de leur métier. Là, ils élevèrent leurs différentes familles.

« Ce nid d'homme ombrageux », le qualifie Carlyle : et c'était aussi un nid très bien rempli. Aujourd'hui, il est librement ouvert à tous, et ceux qui viennent ici sont nombreux et divers. Au cours de l'année se terminant le 31 août 1905, la maison fut visitée par 1 700 personnes, qui contemplèrent avec révérence, avec curiosité ou avec simple vacuité d'esprit, selon leurs diverses sortes, les humbles intérieurs.

"Et est-ce vraiment la pièce dans laquelle Carlyle est né ?" » a demandé un membre de cette première catégorie, il y a de nombreuses années, d'une voix émerveillée.

"Oui", dit la petite-épouse , qui, il est vrai, ne comprenait pas bien le sens intérieur de tout ce culte du héros ; "Et puis Maggie est née ici aussi."

Rire homérique, sans doute, en ce lieu où se rassemblent les immortels littéraires.

AU LIEU DE NAISSANCE

Le professeur Wilson, « Christopher North », et ses collègues de l' *Edinburgh Review* , prétendaient cultiver la littérature avec un peu de gruau, mais cette affirmation pourrait être mieux faite pour l'auteur de « Frédéric le Grand » et de « Sartor Resartus ». Une vie simple et une pensée élevée, vous ne pouvez manquer de le voir, ont formé sa vie. Un homme très simple et simple, comme en témoignent toutes ses affaires intimes. Son encrier simple et banal, avec la dernière plume qu'il a utilisée, son simple bureau avec sa nappe d'origine, son pot à tabac, ainsi qu'un coupe-tabac avec lequel il coupait son propre tabac, sont tous des moins chers. gentil, et, en les regardant, j'ai honte par procuration pour les auteurs modernes de « chefs-d'œuvre » qui, selon les revues littéraires de l'époque, ne peuvent se sentir « inspirés » que s'ils sont entourés de tout le luxe. Le chapeau de feutre de Carlyle est enfermé sous verre : son chapeau de paille est accroché au mur, et vous pouvez le mettre sur votre tête. La plupart des gens le font. Parmi les nombreux hommages rendus à son génie, on peut citer la grande couronne de laurier envoyée en 1895 par l'empereur allemand à l'occasion du centenaire de sa naissance. Il s'agissait bien sûr avant tout d'un hommage à l'auteur adorateur de « Frédéric le Grand ».

ANCIENNE TABLETTE À ECCLEFECHAN.

Carlyle lui-même repose dans le petit cimetière austère d' Ecclefechan , parmi ses proches et loin de sa femme, dont la tombe se trouve dans la nef sans toit de l'abbaye de Haddington. Comme la plupart des cimetières écossais, les portes sont enchaînées et verrouillées.

" Entepfuhl " comme Carlyle dans " Sartor Resartus " styles Ecclefechan , est fier de lui, en grande partie, je suppose, parce qu'il perçoit que le monde au-delà d'Annandale pense tellement à " Tam Carl ". Il y a une « salle de lecture Resartus », plutôt délabrée, avec des chaises décrépites, elles-mêmes qui ont malheureusement besoin d'être réinstallées ou, mieux encore, entièrement renouvelées.

Une vieille tablette de maison au design étrange, récemment découverte des nombreuses couches de plâtre et de chaux qui l'avaient longtemps cachée, fait maintenant partie de la maison adjacente au lieu de naissance de Carlyle et est peut-être le seul objet curieux du village.

Il y a aujourd'hui une gare ferroviaire à Ecclefechan , mais le village est probablement un endroit plus calme qu'il ne l'était aux débuts de Carlyle, lorsque le Glasgow Mail passait en courant et que les autocars locaux animaient la rue deux fois par jour. D'une part, la gare se trouve à un pas considérable de là, le long de ce qui était la nouvelle route lorsque Telford l'a créée, il y a si longtemps, et qu'on appelle nouvelle aujourd'hui.

C'est une sorte de montée douce à dos de porc depuis Ecclefechan et ainsi le long des six milles jusqu'à Lockerbie, en passant par la ferme de Mainhill , où le père de Thomas Carlyle, à l'âge de cinquante-sept ans, a commencé à être agriculteur, s'efforçant d'y dix ans, de 1815 à 1826. Vient ensuite le magnifique parc de Castlemilk , siège de la famille Jardine, suivi du Milk Bridge traversant la rivière de ce nom et de l'élégante entrée de banlieue de Lockerbie.

LOCKERBIE

La ville de Lockerbie est un endroit prospère, d'une propreté et d'une propreté tout à fait remarquables : un changement en effet depuis l'époque où cette rime était possible :

Lockerbie est un endroit sale,

Une église sans clocher,

Un dépotoir placé à la porte d'Ilka—

Mais un groupe de gens.

D'apparence nouvelle, avec un hôtel de ville moderne dans une version fleurie du style baronnial écossais et un air de prospérité abondante. Ici, dans cet espace considérable de magasins, le Sudiste qui ne connaît pas l'Écosse découvre pour la première fois ce que la nation écossaise peut faire en matière de scones, de gâteaux aux graines, de gâteaux aux prunes, de baps et de bannocks , sans parler des sablés. C'est une éducation libérale, à sa manière particulière.

À cinq miles au nord de Lockerbie, Jardine Hall est dépassé, avec les ruines hantées de la tour Spedlin de l'autre côté du parc. Dans un autre kilomètre, à Dinwoodie Green, la route se divise à nouveau en ancienne route et en nouvelle. L'ancienne route, qui passe à droite, traverse la ville de Moffat, traverse Ericstane Brae et descend jusqu'au pont Elvanfoot , sur une distance de vingt-trois milles, est encore une excellente route, mais elle monte des hauteurs escarpées et montagneuses, tandis que le « la nouvelle route », évitant complètement Moffat, se trouve à son altitude la plus élevée, à 500 pieds au-dessous du sommet de l'ancienne. Entre les deux routes menant à Moffat coule la rivière Annan, et ici et là se trouvent des vallons qui, à différentes époques, ont abrité les Covenanters et les voleurs de chevaux. Wamphray Glen était l'une des forteresses des Johnstones : la localité ayant été de temps immémorial riche en Johnstones et Jardines. Il y avait un Johnstone qui vivait autrefois à Lockerbie, dans l'une des nombreuses tours fortifiées du district. Il joua un rôle plus ou moins chevaleresque dans la bataille de Dryfe Sands, tout près, tandis que chez lui, sa gentille dame, aux belles mains, sonnait la tête de Lord Maxwell avec les clés du château.

La nouvelle route continue, avec quelques particularités sur le chemin, en montée progressive, jusqu'à Beattock , traversant l'Annan à Johnstone Bridge, un joli paysage boisé, avec un bureau de poste en bord de route. Beattock était important à l'époque des entraîneurs, car ici, au bord de la route, dans un endroit par ailleurs solitaire, se trouvait le Beattock Inn. À trois kilomètres de là se trouvait Moffat. Il n'y avait rien d'autre que ce vestiaire pour la diligence et la scène. La maison existe encore aujourd'hui, mais elle n'est plus une auberge, et à côté se trouve la gare Beattock du chemin de fer calédonien, qui a aboli les voitures sur cette route il y a plus de cinquante ans.

De nos jours, il n'y a aucune maison de divertissement public dans les trente milles entre Lockerbie et Crawford, sur cette route moderne évitant Moffat, à l'exception de la buvette de la gare de Beattock : le village qui a surgi ici ces derniers jours étant tout à fait innocent de tout ce qui concerne les gentil.

XXXII

LA ville de Moffat, en contrebas, n'avait pas sa place dans le projet de Telford's Carlisle and Glasgow Road. Cela avait très peu d'importance dans les conseils de la Poste ; Glasgow, Carlisle, Manchester et Londres étant des lieux dont les besoins dépassaient de loin tout mécontentement local ; et la nouvelle route partait directement de Beattock , laissant la petite ville de côté.

Avant les débuts de l'entraînement, lorsque Glasgow faisait entendre son besoin de communication directe et rapide avec le sud, le courrier de Londres passait par des postiers à cheval, via Édimbourg. À cette époque, la route vers Glasgow passait par Moffat et montait abruptement au-dessus d' Ericstane Brae, où elle fut améliorée ou « à péage » vers 1776, mais améliorée, semble-t-il, de manière peu substantielle, car il est enregistré que « soixante-dix charrettes des marchandises des marchands », son utilisation hebdomadaire l'avait rendu inutilisable. Telle était la situation lorsque les voitures postales étaient établies ailleurs et donnait à la ville commerciale en pleine croissance de Glasgow l'espoir d'acquérir son propre service direct. Un tel service signifiait beaucoup pour le Glasgow de l'époque, déjà devenu commercialement important. On fit remarquer à la Poste que déjà, depuis 1776, la Glasgow and Carlisle Diligence avait trouvé possible d'emprunter cette route ; et ce qui était possible à l'entreprise privée devrait l'être également au gouvernement. Pour inciter la poste à établir un courrier par cette route, via Carlisle, les marchands de Glasgow et la Chambre de commerce sont allés jusqu'à souscrire généreusement pour renflouer les maigres salaires offerts aux entrepreneurs, et sur cette base, le courrier a été créé en juin. 1788. Mais la Poste n'est pas contente. La route en général était caillouteuse et caillouteuse, et le secrétaire menaçait sans cesse de retirer la voiture, si les pires endroits n'étaient pas réparés. En 1795, le prévôt Dunlop fut informé que le courrier de Carlisle et de Glasgow pourrait devoir être interrompu au profit de l'ancienne route par Édimbourg, ce qui entraînerait une perte d'une journée entière. Glasgow a appelé le gouvernement à suspendre cette menace de calamité et à réparer la route au sud d' Elvanfoot . On a souligné que Lord Douglas avait dépensé 4 000 £ pour la route entre Lesmahagow et Hassockwell Burn, près du Devil's Beef Tub, et que la ville avait déjà fait beaucoup pour cela. La route, ajouta-t-on, n'était pas, après tout, une route locale, mais une partie de la grande route nationale, nord et sud, et, en tant que telle, elle relevait à juste titre de la responsabilité particulière du gouvernement. Traversant la ligne de partage des eaux sauvage et peu fréquentée entre Clyde et Annan, il n'a jamais pu être réparé de manière adéquate avec le produit des péages qu'il était possible d'imposer. On a en outre fait valoir que le gouvernement avait lui-même appauvri la route, les diligences étant par la loi exemptées de tout péage, et pouvant ainsi transporter des passagers à moindre coût que les diligences, qui payaient cher et, incapables de rivaliser sur le marché. à conditions égales, avait, entre 1788 et 1795, été chassé de la route. Ainsi, les autoroutes perdaient leur dû à chaque tournant.

La Poste a fait la sourde oreille à tout cela. Le ministère savait parfaitement à quel point Glasgow appréciait l'expédition d'un jour de son courrier et était convaincu que ses marchands feraient des sacrifices considérables pour conserver cet avantage. Le ministère avait tout à fait raison. Une loi fut obtenue, à la demande de la Chambre de Commerce de Glasgow, autorisant les Evan Water Trustees à construire et entretenir une nouvelle route traversant le bassin versant, à la place de l'ancienne route d'Ericstane Brae , décrite dans la loi George III. c. 21, 1798, comme « très raide et dangereux pour les voitures à toutes roues, et dangereux pour les voyageurs ».

une autre, et pas si facile , de trouver l'argent. Il a finalement été augmenté grâce aux souscriptions. Les marchands de Glasgow, les institutions publiques de la ville et un certain nombre de propriétaires de moulins anglais souscrivèrent 6 000 £, et la route fut commencée ; d'abord d' Elvanfoot jusqu'à Summit Level, et de là vers Evan Water jusqu'à Beattock , rejoignant là l'autoroute à péage d'Édimbourg, Moffat et Dumfries ; et deuxièmement, un prolongement de cette route par une ligne diagonale traversant le niveau Dale of Annan jusqu'à Dinwoodie Green, onze milles au sud de Moffat, sur l'autoroute à péage de Glasgow, Moffat et Carlisle.

Les travaux, comme déjà dit, furent commencés, et le premier tronçon, d' Elvanfoot à Beattock , fut achevé en 1808 ; mais ensuite les fonds furent épuisés, et les habitants du Dumfriesshire, qui étaient censés faire le reste, ne voulurent pas ou ne purent pas le faire. La route devait donc , après tout, contourner Moffat ; tournant brusquement à gauche à Langbedholm , à deux milles au nord de Beattock , et de là se dirigea vers la chapelle Brae jusqu'à Moffat, et vers le sud, comme auparavant, par Wamphray , Woodfoot et Dinwoodie Green.

LE COURRIER DE GLASGOW.

Même ce plan à moitié réalisé était préférable au parcours accidenté d'Ericstane Muir ; mais à peine la nouvelle route fut-elle construite que la vieille question des réparations se posa de nouveau. Les péages étaient insuffisants pour payer les dépenses, et l'usure des éléments et du trafic ne pouvait être compensée. Ce qu'il était en 1812, nous l'apprenons grâce aux écrits du colonel Hawker, qui, voyageant dans cette direction à cette époque, le décrit comme ayant été réparé avec de grosses pierres de carrière tendres, d'abord comme des briques, puis comme du sable. Aussi mauvais que cela puisse être, c'était le mieux que l'on puisse faire avec les ressources disponibles ; et le bureau de poste a continué à avoir le cœur dur, Hasker, le surintendant des voitures postales, menaçant continuellement de retirer le courrier et de l'envoyer via Édimbourg. En 1810, les différents Trusts concernés s'étaient adressés au Parlement pour obtenir réparation de leurs griefs, sans résultat, mais finalement, en 1813, une loi fut votée abrogeant l'exonération du péage pour les voitures postales en Écosse, où la population était (il était finalement concédé) maigre, et les péages rapportaient une somme misérablement petite.

Échec et échec et mat

Mais la Poste a joué autant de tours qu'un vieux chien-renard souvent traqué et, refusant de se laisser rebuter, a violé l'esprit de cette concession par une astuce ingénieuse. Ce qui avait été donné par la loi, le ministère l'a repris par le simple expédient consistant à augmenter les frais de port des lettres à destination de l'Écosse d' un demi-penny chacune, ce qui représente une augmentation totale de 6 000 £ par an. C'était un peu comme une partie d'échecs.

À cette décision, les trusts écossais ont répondu en augmentant leurs péages sur le courrier, ce qui a obligé la poste à payer 12 000 £ de plus par an. Ils ont crié métaphoriquement, sinon réellement : « Vérifiez ! L'action suivante fut celle du surintendant, qui répondit en retirant un certain nombre de courriers, en guise d'avertissement à Glasgow.

Échec et mat!

C'était, bien sûr, une épreuve très intéressante de force et d'endurance, mais, après tout, c'était un peu indigne et ce n'était guère la manière de conduire les affaires d'une nation. Le fait, en effet, semble avoir été bientôt réalisé , car le gouvernement, le 7 décembre 1814, s'occupa de toute l'affaire, et le Trésor ordonna à Telford de « faire une étude, un plan et une estimation appropriés » pour modifier l'ensemble du parcours. de la route entre Carlisle et Glasgow, et de faire rapport à un comité spécial de la Chambre des communes. Telford a étudié la route et a rapporté en 1815 : « Les pentes, la direction et la construction existantes sont si mauvaises que pendant de nombreuses années la route a été difficilement maintenue ouverte. » Il soumit des plans détaillés pour son amélioration et assura au Comité que s'ils étaient adoptés, ils réduiraient la distance, alors de 102 milles et demi, de près de 9 milles, et le temps de voyage d'au moins l'équivalent de 9 milles de plus.

Le témoignage de Hasker devant le Comité a montré que la Poste envisageait sérieusement d'envoyer le courrier par Édimbourg, soit un trajet de six heures plus long dans chaque sens.

Un aspect louable de cette époque était que lorsqu'on parvenait enfin à nommer un comité , les résultats étaient très vite visibles. Le 28 juin 1815, peu de temps après la réception du rapport de Telford, le Comité rapporta à son tour à l'unanimité que son plan devait être exécuté et que le gouvernement devrait accorder une aide substantielle pour couvrir les frais, estimés à 80 000 £. Un an plus tard, le 1er juillet 1816, une « loi prévoyant une subvention de 50 000 £ pour la route allant de la ville de Glasgow à la ville de Carlisle » fut adoptée ; les travaux seront gérés par les commissaires déjà existants des routes et des ponts des Highlands. Parmi les documents parlementaires de cette époque, il existe de volumineux rapports, accompagnés de plans, montrant comment les travaux ont progressé jusqu'à leur achèvement ; et le voyageur d'aujourd'hui qui explore les districts entre Carlisle et Glasgow verra par lui-même, dans le contraste entre les pentes extravagantes de l'ancienne route dans le quartier de Moffat, et la montée et la descente faciles des nouveaux tronçons d'autoroute de Telford, à quel point le travail a été effectué.

XXXIII

MOFFAT , de nos jours un petit village soigné et tranquille dépendant des eaux de son puits de soufre pour sa prospérité, se trouve au creux des montagnes. Quant à savoir lequel des deux est le plus soigné et le plus propre – Lockerbie ou Moffat – je ne serai pas assez téméraire pour hasarder une opinion, mais personne ne contestera probablement le fait que « Moaffet » est le plus silencieux. D'une part, cette quiétude est l'un de ses principaux atouts, et bien qu'elle possède une gare ferroviaire, le fait qu'elle ne soit que le terminus d'un embranchement de deux milles de Beattock suffira à prouver que la quiétude n'est pas grandement troublée par les trains.

Il n'y a rien de très frappant dans l'apparence de Moffat, en dehors de cette propreté remarquable et de la largeur de sa High Street ; le centre de la ville, dans son mélange de boutiques et de villas, et l'espace toujours présent, ressemblant en effet aux banlieues ordinaires de lieux moins reposants. Mais un objet singulier qui n'a de prétention ni à l'antiquité ni à la beauté, se dresse au milieu de la large rue et dit à l'étranger que Moffat et ses environs sont célèbres pour autre chose qu'un spa médicinal et un grand établissement thermal. Il s'agit de la fontaine Colvin, offerte à la ville par William Colvin, du village voisin. Craigielands , et surmonté de l'effigie d'un bélier à l'air contemplatif, en allusion à l'élevage de moutons qui a fait la prospérité du quartier.

L'Auld Kirk de Moffat, appartenant à une époque très différente de celle-ci, se trouve à juste titre isolé dans l'ancien cimetière qui est verrouillé et interdit à toute entrée fortuite. L'Auld Kirk est en ruines, et c'est également approprié ; car quel lien de sympathie peut-il y avoir entre le caractère plutôt suffisant et satisfait d'eux-mêmes des hypocondriaques modernes qui, métaphoriquement (et parfois en fait) se sont lavés dans du coton, et ont maintenant recours à Moffat, et les sévères Covenanters qui ont été dragonnés dans les environs. Braes et sur les collines inclémentes, et passa une nuit en prison à Auld Kirk, avant d'être conduit aux petites grâces qui les attendaient à Édimbourg ? Non : le bâtiment historique est à juste titre laissé seul à ses souvenirs.

Mais ce verrouillage complet des vieux cimetières écossais est un peu révoltant pour un Anglais. Il semble souligner , jusqu'à l'insensibilité, le fait que le jour des morts est bel et bien révolu ; et laisse entendre que non seulement ils n'ont aucune part au monde, mais qu'ils n'en ont aucune dans les pensées de leurs propres parents.

Ici repose le grand réformateur de la route, John Loudon Macadam, et rares sont ceux qui, se détournant pour chercher son épitaphe, se donnent la peine de faire ouvrir les portes . Macadam est né à Ayr en 1756 et est mort à Duncrieff House, Moffat, en 1836, après s'être fait un nom impérissable dans les annales de la route et avoir apporté un nouveau verbe, « macadamiser » , à la langue.

BRÛLURES

Situé sur l'une des deux routes de Carlisle à Édimbourg, Moffat possédait autrefois un bon nombre d'auberges. Parmi eux, les « Annandale Arms » et les « Spur » étaient des concurrents immédiats. Il y a des associations de Burns avec le « Spur », mais des associations beaucoup plus intimes avec l'auberge « Old Black Bull », qui reste à peu près la même maison en pierre blanchie à la chaux qu'elle était à l'époque du poète. On raconte comment lui et quelques amis buvaient à la fenêtre de l'auberge lorsqu'ils virent passer deux dames à cheval ; l'une d'elles si jolie et si petite qu'elle était surnommée « l'une des Grâces en miniature ». « C'est étrange, dit l'un des clients du cabaret, que l'un soit si petit et l'autre si grand » ; sur quoi Burns écrivit sur une vitre :

Demandez pourquoi Dieu a créé la pierre si petite,

Et pourquoi le granit est-il si énorme ?

Parce que Dieu voulait que l'humanité se mette

La plus grande valeur là-dessus.

Un très joli compliment pour la petite dame, mais inhabituellement dur, sous-entendu, pour la grande. La vitre a été retirée il y a longtemps et est censée se trouver maintenant à Dumfries.

Le célèbre puits de soufre est situé à 1,5 km de Moffat, dans un châlet de type suisse , sur une colline accidentée à 300 pieds au-dessus de la ville. Certains s'y rendent à pied, d'autres à cheval, et pour deux pence, vous pouvez boire autant d'eau presque incroyablement désagréable que vous le souhaitez. Le premier gobelet est, au goût et à l'odorat (il sent les « œufs d'élection » ou l'assafœtida), largement suffisant pour les estomacs les plus forts, et semble avoir été brassé dans un laboratoire intérieur des régions infernales. Mais le deuxième verre – si vous êtes assez malade ou assez courageux pour en prendre un deuxième – ne semble pas si mauvais, et les visiteurs en deviennent peu à peu de parfaits gloutons. L'eau est spécifique contre les rhumatismes et la goutte, entre autres, et était connue dès 1633, lorsque Rachel Whiteford, fille du curé de Moffat, en profita. En 1659, le Dr Matthew McKaile , d'Edimbourg, écrivit un pamphlet en latin sur ses vertus, et depuis lors la renommée du Puits s'est entretenue d'elle-même. Mais l'air vivifiant des montagnes a sans aucun doute une part au moins égale à la guérison de nombreux invalides.

Le paysage accidenté et inhospitalier autour de Moffat culmine sur Edinburgh Road, dans le creux sombre des collines appelé « la cuve à bœuf du diable », qui aurait acquis son nom parce qu'il s'agissait d'un endroit préféré des voleurs de bétail d'autrefois pour se cacher . leur bétail volé. Le « Beef Tub » est en réalité une version plus profonde et plus robuste du « Devil's Punch Bowl » sur Portsmouth Road. Sir Walter Scott, qui dit de manière romantique : « On dirait que quatre collines joignaient leurs têtes pour empêcher la lumière du jour de pénétrer dans l'espace sombre et creux qui les sépare », raconte dans « Redgauntlet » comment un prisonnier passant devant cet endroit, s'échappant de ses gardes . , s'en est sorti en se jetant et *en roulant* jusqu'au fond.

TRAGÉDIE DE LA NEIGE

Ce pays sauvage fut le théâtre d'une tragédie de courrier le 1er février 1831, lorsque le courrier de Dumfries et d'Édimbourg fut enneigé à Moffat. Désireux d'accomplir leur devoir, le conducteur et le garde se procurèrent des chevaux de selle et y jetèrent les sacs postaux, mais quelques minutes d'effort prouvèrent qu'il était impossible de continuer avec les chevaux, et les deux hommes intrépides les renvoyèrent à Moffat. , et ils continuèrent seuls, à pied. C'était une entreprise des plus désespérées, impossible à réaliser. Ils tombèrent épuisés près de cette gorge et périrent dans la neige. Leurs corps ont été retrouvés une semaine plus tard, ainsi que les sacs postaux qu'ils avaient soigneusement accrochés à un poteau à neige en bordure de route, non loin de là.

Aujourd'hui, dans l'ancien cimetière de Moffat, on trouve deux pierres à la mémoire de ces braves hommes, « fidèles jusqu'à la mort », avec les inscriptions :

Érigé par souscription en 1835.

Sacré à la mémoire de James MacGeorge, garde du Dumfries et du Royal Mail d'Édimbourg, qui a malheureusement péri à l'âge de 47 ans, près de Tweedshaws , après les efforts les plus acharnés dans l'exercice de ses fonctions, au cours de cette mémorable tempête de neige du 1er février 1831,

et

À la mémoire de John Goodfellow, chauffeur de l'Edinburgh Mail Coach, qui a péri sur Errick Stane dans une tempête de neige le 1er février 1831, en aidant gentiment son compagnon de souffrance, la Garde, à transporter les sacs postaux.

Le journal local *Courrier* de l'époque, avec plus de vérité que d'émotion, qualifiait l'acte de ces dévoués serviteurs de la Poste de « sens du devoir exagéré ».

Si vous dépassez assez loin le Devil's Beef Tub et les Tweedshaws , là où prend sa source la rivière Tweed, vous arrivez, le long de cette ancienne route d'Édimbourg, à l'auberge « Crook », où le poète Campbell a vécu une curieuse expérience. Prenant un généreux verre de grog, il se coucha. Bientôt, on frappa à la porte, et là entra la jolie jeune fille qui lui avait donné à souper. "S'il vous plaît, monsieur, pourriez-vous emmener un voisin dans votre lit ?"

« De tout mon cœur », s'écria le poète en reprenant gaiement.

"Merci Monsieur; car le transporteur Moffat est arrivé, et il n'y a pas d'autre endroit.

Ce n'était pas ce à quoi le poète s'attendait. Le grand homme puant est arrivé et la petite femme est sortie.

XXXIV

L' ancienne route de Glasgow , qui monte de Moffat en passant par Meikleholmside , et donc traverse Ericstane Muir, est tout ce qu'une route ne devrait pas être. Il est escarpé, étroit, exposé et accidenté et, sauf à titre de leçon de choses sur ce que nos ancêtres ont dû supporter, c'est un itinéraire très indésirable et dans lequel personne ne souhaiterait se retrouver. Cela n'a même pas le mérite d'être pittoresque.

La route tracée par Telford continue depuis Beattock de manière plus suave. Il suit le vallon d'Evan Water sur neuf milles, et les trois d'entre eux – la route, la rivière et le chemin de fer calédonien – vont amicalement côte à côte sous les collines, jusqu'au sommet de Beattock et descendent jusqu'à Elvanfoot, où se trouve aujourd'hui l' Elvanfoot Inn d' autrefois . se présente comme un pavillon de tir.

PONT CASSÉ.

Elvanfoot , qui traverse la route au-dessus de l'eau Evan (*c'est-à-dire* Avon), surplombe une jolie scène de ruisseaux tumultueux, de rochers et de fougères, ou « furruns », comme dirait un Écossais.

C'est ici, tard dans la nuit tumultueuse et pluvieuse du 25 octobre 1808, que s'est produit l'accident le plus terrifiant et le plus dramatique jamais arrivé aux voitures-postes. Ce n'est pas sans réflexion et sans choix de mots que nous l'avons qualifié de dramatique, car l'événement avait précisément ce caractère spectaculaire et passionnant cher aux directeurs de théâtre dont le public exige de la sensation.

L'Evan Water était en crue cette nuit noire et bruyante, et, délirant dans son lit de pierre, déchirait furieusement le pont nouvellement reconstruit qui enjambait le torrent. Des hauteurs au-dessus de Douglas Mill arrivaient à travers l'obscurité sauvage le courrier de Glasgow à destination de Carlisle, et à peine les chevaux eurent-ils posé le pied sur le pont que celui-ci s'effondra, aussi soudainement et complètement que n'importe quelle propriété de scène. Il était près de dix heures, les intérieurs s'étaient préparés à ce semblant de sommeil que les voyageurs en carrosse pouvaient commander, et les extérieurs s'étaient enveloppés dans leurs pardessus et avaient ainsi fixé leur esprit sur des circonstances plus agréables que de rouler sous la pluie. par une froide nuit d'octobre, qu'ils étaient pratiquement inconscients de leur environnement, lorsqu'ils furent soudainement plongés, avec le carrosse, le cocher, les chevaux et la garde, dans l'eau écumante sous l'arche brisée. Il y avait deux passagers à l'extérieur : l'un un marchand de la ville nommé Lund, l'autre un M. Brand d' Ecclefechan . Tous deux furent tués sur le coup. Les quatre intérieurs, une dame et trois messieurs, furent plus heureux et s'en sortirent avec des contusions et une frayeur. Les chevaux souffraient beaucoup, les chefs étant tués en tombant, et l'un des roues étant écrasé à mort, alors qu'il gisait en contrebas, par des pierres tombant de l'arche en ruine. La voiture et le harnais ont été complètement détruits, et Alexander Cooper, le cocher, bien que retrouvé protégé des eaux emportées par deux énormes rochers, n'a survécu que quelques semaines aux blessures subies par sa colonne vertébrale. Le garde, Thomas Kingham, a été retrouvé avec la tête ouverte, mais s'est rapidement rétabli. Il a toujours considéré qu'il avait échappé à la mort parce qu'il ne s'était pas attaché à son siège lors de cette nuit fatale, de sorte qu'au lieu d'être impliqué dans l'autocar, il avait été abattu hors de celui-ci, dans l'eau.

C'est grâce à la présence d'esprit manifestée par la passagère que le courrier descendu, à ce moment-là censé passer par ce lieu tragique, n'a pas connu le sort qui avait déjà frappé ce malheureux autocar. Elle avait trouvé un refuge temporaire sur un rocher amical s'élevant au milieu de l'eau déferlante et, accroupie là, elle aperçut les lampes de la voiture venant en sens inverse qui brillaient à travers la brume et la pluie. Hurlant à pleine voix, elle attira heureusement l'attention du cocher, qui s'arrêta au bord de la destruction.

LA MODESTIE HORS DE PLACE

Le premier soin du garde appartenant au nouvel arrivant fut de tirer cette dame de sa position. Hugh Campbell n'était pas comme les héros conventionnels du théâtre, qui ne font rien pour saisir l'héroïne par la taille et, prenant une attitude, l'emmenant ainsi dans un lieu sûr avec un air suggérant une combinaison fantaisiste de Chesterfield et de courageux. mauvais bandit. Non, il s'y lança avec une modeste méfiance qui exaspéra quelque peu la dame elle-même. En descendant avec les rênes cassées attachées ensemble, afin que ceux d'en haut puissent la hisser, il demanda d'un air dubitatif : « Comment vais-je la saisir ?

« Agrippez-moi comme vous voulez , dit-elle, mais agrippez-moi plus mal » ; et il l'a donc attachée solidement et elle a été hissée sur la route au-dessus, sans plus de formalités.

Le courrier descendant est revenu à Moffat avec un chargement lourd et lugubre, comprenant les passagers morts et blessés de l'autocar montant. Le seul cheval indemne a été mené derrière.

Pendant de nombreuses années, le pont n'a pas été correctement réparé, les fonds étant rares pour ces routes ; et le courrier, ralentissant, perdait cinq minutes à chaque trajet. La partie tombée peut encore être retracée grâce aux stalactites de chaux plus courtes suspendues à l'arc réparé. Il est toujours connu sous le nom de « Broken Bridge », en plus de « Milestone Brig », en raison de la borne milliaire qui y figure, marquant la distance médiane entre Carlisle et Glasgow : « Carlisle 47½ miles. Glasgow 47 milles.

Le chemin de fer calédonien, approchant de cette scène, traverse l'Evan Water sur un pont qui ressemble à un architecte-conseil normand ressuscité d'entre les morts pour le concevoir. Il passe dans une tranchée peu profonde au-dessus d'une lande broussailleuse, protégée contre les neiges hivernales par une étroite palissade de bois de chaque côté.

La route maintenant, avec Crawford au loin, se courbe brusquement et traverse la petite Clyde à New Bridge.

Crawford, situé dans un large strath, ou vallée verte, où plusieurs ruisseaux rejoignent la Clyde, est un village dispersé dont les maisons blanches apparaissent agréablement à de grandes distances. C'est un endroit préféré des habitants les plus riches de Glasgow qui aiment les vacances à la campagne. Le New Crawford Inn de l'époque des relais, un bâtiment imposant ressemblant à un manoir, ouvert en 1822, après l'achèvement de cette partie de la nouvelle route de Telford, est toujours en activité sous le nom de « Cranstoun Hotel » . L'ancienne route, depuis Elvanfoot , va plus droite que la nouvelle jusqu'à Abington, mais avec des pentes sévères ; tandis que le nouveau continue son chemin le long de la rivière, jusqu'à Abington, où il fait ses adieux à la Clyde, jusqu'à ce qu'il atteigne Bothwell.

« BRIG O'CLYDE. »

Abington est une station balnéaire typiquement écossaise : juste un tout petit endroit avec une auberge, un bureau de poste, quelques cottages et un ou deux beaux parcs ; très soigné, très calme et très cher et exclusif. Un garde-chasse ou un pêcheur à la ligne en échassier, avec canne et cantre, sont presque les seules figures aperçues ici, sur la route.

Au-delà d'Abington, le fleuve et le rail s'écartent et laissent le chemin de la solitude. Même le génie routier de Telford n'a pas pu abolir l'horrible pull-up au-dessus de la lande sombre et bestiale qui s'étend entre ce point et Douglas Mill. Vous y descendez trompeusement, jusqu'à Denighton Bridge, en traversant un petit ruisseau qui descend la vallée depuis Crawfordjohn , mais vous montez ensuite jusqu'à un plateau solitaire exposé, plus sombre que Shap et sans intérêt. Au pont de Denighton , où la vue s'étend le long de la sombre vallée où les Covenanters rôdaient et où les soldats de Montrose les chassaient, les moutons paissent et les agneaux s'agitent au printemps. Même un cycliste mouillé et froid (qui ne s'amuse pas facilement) doit hurler de rire devant les pitreries des agneaux, qui sont bien plus drôles que celles de n'importe quel comédien bas que j'ai jamais vu. Pas besoin non plus de les rappeler, car ils continuent toute la journée, ou du moins jusqu'à ce que, épuisé de rire, vous partiez pour affronter le muir au-dessus.

Que le ciel envoie le voyageur qui voyage ici par ses propres efforts a du beau temps et un vent qui le suit, sinon sa progression est un lent martyre le long de huit milles de solitude frissonnante, et la descente tant attendue vers Douglas Mill est trois fois bienvenue.

L'eau Douglas coule dans une vallée profonde et magnifiquement boisée à Douglas Mill, là où se trouvait le Douglas Mill Inn au bord de la route à l'époque des entraîneurs et où, derrière un imposant champ de gravier , on aperçoit l'entrée du magnifique parc du comte de Home. Pendant cinq milles, un autre tronçon de l'ancienne route va vers la droite, à travers Broken Cross Muir, jusqu'à Lesmahagow : la nouvelle route poursuit un parcours mouvementé, passe devant le Newfield Inn.

Lesmahagow , *c'est-à-dire* la cour ou la place de Mahego , un des premiers saints gaéliques, était autrefois le site d'une abbaye. C'est maintenant une petite ville prospère, d'apparence très neuve et soignée, malgré le fait qu'elle soit située à la limite du bassin houiller de Lanark. Le voyageur qui suit obstinément la route et ne regarde ni à droite ni à gauche, ne connaîtra rien de Lesmahagow , qui se trouve légèrement à gauche ; et je suis sûr qu'il ne manquera pas grand-chose. Mais ici, au croisement des routes anciennes et nouvelles, au pont de la petite rivière Néthan, et avec le passage du chemin de fer à proximité , une singulière complexité de chemins se produit.

LE CHAMP HOUILLEUR DU LANARKSHIRE

À partir de là, jusqu'à la périphérie même de Glasgow, les grands districts industriels de Lanark affichent leurs activités au voyageur d'une manière non équivoque. En passant Blackwood, le centre du district de la mine est atteint à Larkhall, et les mineurs, allant et revenant du travail, sont les principaux voyageurs. Le charbon des mines du Lanarkshire est d'une espèce inférieure, et en aucun cas bien adapté à l'usage domestique, brûlant sourdement et susceptible de voler en braises rougeoyantes explosives sur les tapis et les moquettes des foyers. Mais ce n'est pas un charbon gazeux, et les mineurs peuvent se rendre à leur travail à la lumière nue. D'où la petite lampe à huile qui, accrochée à sa casquette, est la marque de tout exploitant de charbon de Lanark.

PALAIS DE HAMILTON.

Hamilton, la capitale de tout ce district, est une ville très considérable et un étrange mélange de dignité ducale et d'industrialisme dynamique. Il se dresse aux portes du grand parc du duc de Hamilton et bouscule cet endroit digne d'une manière qui ferait s'évanouir d'horreur les ducs ermites de Bedford. Mais les ducs de Hamilton, qui sont des Douglas , et d'une lignée bien plus distinguée que les Russell , ne semblent pas beaucoup souffrir de ce contact avec le monde : bien que, certes, le magnifique Alexandre, dixième duc, ait retrouvé les vieilles rues de la ville si proche de sa résidence que les charbonniers et les tisserands du lieu pouvaient facilement observer ses affaires domestiques. C'était trop, pas seulement pour un duc : même une chose relativement rampante comme un écuyer ordinaire aurait refusé de le supporter : et ainsi la rue trop voisine , et même le vieux Tolbooth , furent achetés. Le Tolbooth se trouve encore aujourd'hui dans le parc, et les murs de façade des maisons autrement démolies, avec leurs portes et fenêtres comblées, forment un étrange mur d'enceinte.

Le dixième duc était vraiment magnifique. Il savait ce qui était dû à ses feuilles de fraisier et, étant un homme extrêmement riche, il veillait à ce qu'il obtienne son dû en conséquence. Beaucoup est possible à un homme qui possède dix-huit titres et cinq résidences, et des millions d' argent pour les entretenir convenablement. Il agrandit le palais de manière coûteuse en 1828 et non seulement l'embellit et le remplit de merveilleuses collections d'art et de littérature, mais il dépensa 130 000 £ pour un grand mausolée, afin qu'il puisse être convenablement logé après sa mort. Il a même importé le sarcophage en marbre noir d'un ancien monarque égyptien ; qui, cependant, semble avoir été de plus petite taille que le duc princier Alexandre, car la chose était inadaptée, et quand enfin Sa Grâce fut rassemblée auprès de ses pères, son corps dut être plié, d'une manière très péjorative. Les immenses collections du palais de Hamilton furent enfin vendues en 1882 par un successeur extravagant et impécunieux du duc Alexandre, et rapportèrent 400 000 £ aux enchères.

Le parc et le mausolée peuvent être vus selon les saisons, et parfois le château miniature de Châtelhérault , construit en 1732, à l'imitation du château de France d'où les ducs de Hamilton tirent leur titre français de ducs de Châtelhérault .

La ville de Hamilton est un endroit joyeux, avec des couleurs et des ornements dans ses nouveaux bâtiments : très différent des rues basses de Glasgow, dont nous approchons maintenant. Dans son état prospère actuel, de nombreux bâtiments anciens sont en train d'être démolis, mais le passant remarquera une plaque pittoresque au-dessus d'une vieille maison dans la rue principale, avec trois têtes de lions moustachus, les initiales « AS » et l'inscription :

Le . airt . de . tissage . est . renoncé . donc .

que . riche . ni . pauvre . sans . il . ne peut pas . aller .

Un tronçon de route très large et bien entretenu mène de Hamilton à la Clyde à Bothwell Bridge : le fameux brick où se livra la bataille si immédiatement désastreuse pour les Covenanters, le 22 juin 1679. Le pont représentant celui qui enjambait ainsi la rivière a été construit il y a longtemps en 1826, et ni lui ni la route ne ressemblent aux anciennes circonstances de l'endroit, sauf dans une moindre mesure. La route traversant Bothwell Brig au moment de la bataille était raide et large de douze pieds. Les Covenanters ont entièrement perdu la victoire à cause des dissensions internes au sein de leurs propres forces. Chaque officier voulait être commandant, et pendant qu'ils se disputaient âprement sur ce point, apparurent les forces royalistes dirigées par le duc de Monmouth et le « sanglant Claverse », autrement dit Graham de Claverhouse , la « bonnie Dundee » de la célèbre ballade. L'armée Covenantaire était bien placée pour se défendre , et la journée aurait pu, dans d'autres circonstances, tourner en leur faveur , mais comme cela fut le cas, ils furent vaincus, avec un massacre de trois cents personnes. Douze cents prisonniers furent faits. Parmi eux, certains furent exécutés : beaucoup furent expédiés vers les plantations de la Barbade . Ainsi fut vengée la première défaite royaliste face aux Covenanters à Drumclog , le 1er juin.

Ce n'est qu'en 1903 que le grand obélisque qui se dresse aujourd'hui du côté nord du pont fut érigé, pour commémorer les Covenanters qui se sont battus et sont tombés « pour la défense de la liberté civile et religieuse, pour la couronne et l'alliance du Christ ».

PONT BOTHWELL.

Les ruines rouges de l'ancien château de Bothwell se dressent dans le parc voisin appartenant au comte de Home. La petite ville de Bothwell, avec son église finement reconstruite, borde la route : dans le cimetière, un monument très décoratif en terre cuite et en mosaïques à la mémoire de Joanna Baillie, la poète, avec des citations faisant l'éloge du paysage autour de Bothwell. Le paysage est encore (ce qu'il en reste) beau, mais depuis le jour où Joanna Baillie errait dans les bras de Bothwell et correspondait avec Sir Walter Scott, la banlieue de Glasgow a envahi la scène ; et désormais le chemin vers Glasgow n'est plus rural.

Pourtant, bien que Glasgow soit, par sa population, la « deuxième ville de l'Empire », juste après Londres, elle n'est en aucun cas le centre d' un si grand nombre de townships plus petits que Manchester, et par conséquent l'approche, le long de rues bondées, au centre de la ville, n'est pas si long. Bothwell, tout au plus, est la limite et se trouve à neuf milles de la Bourse de Glasgow. Laurel Bank et la banlieue d'Uddingston suivent, et jusqu'à cette frange s'étendent aujourd'hui les tramways électriques. À ces marches de la ville succèdent Broomhouse et quelques houillères périphériques très fréquentées des bassins houillers du Lanarkshire, de la gare de Mount Vernon et de Tolcross . C'est à l'approche de Tolcross , peu après l'établissement de la malle-poste à destination de Londres, qu'une tentative désespérée de détruire et de voler le courrier fut faite. La route traversait alors un petit bois de sapins , où une forte corde était tendue en travers de la route et solidement attachée à chaque extrémité à des troncs d'arbres, à la hauteur des places habituellement occupées par le cocher et la garde ; mais, en l'occurrence, un chariot à foin lent arriva en premier, au lieu du fourgon qui se déplaçait plus rapidement, et le chariot eut une plutôt surprise.

XXXV

À Tolcross , le voyageur est enfin arrivé à Glasgow et y entre, dans la ville riche, par la moindre porte dérobée. Tolcross et sa longue continuation, Gallowgate, ne forment qu'un bidonville de longue date, et mènent ainsi sans vergogne au cœur même des choses : la jonction de Trongate , Saltmarket et High Street, où se trouve le vieux centre de la ville à l'époque des entraîneurs, Glasgow Croix.

C'est ici que Glasgow est le plus fréquenté et les foules pressées semblent avoir peu de temps pour l'émotion. Pourtant, les habitants de Glasgow s'intéressent bien sûr à Sir Walter Scott, et certains peuvent montrer à l'étranger la maison, autrefois une auberge, dans King Street, à la sortie de Trongate, que Scott fréquentait autrefois . C'était peut-être l'original du « Luckie Flyter's Hostelry » dans *Rob Roy* . Le pèlerin sera invité à regarder l'anneau de fer auquel Sir Walter, comme de nombreux autres voyageurs , a attaché son cheval.

Mais il y a assez peu de choses de ce genre : des chemins de fer anciens et des chemins de fer nouveaux ; les voies ferrées en haut et en bas, et les tramways électriques en surface, sont les principaux éléments visibles.

Ici, vous voyez la station Cross du métro, côte à côte avec la vieille statue équestre de Guillaume III, qui vous raconte, sans plus tarder, le vieux teint whiggish de la politique de Glasgow : le grand clocher du vieux Tolbooth et à cheval sur le trottoir, la tour de l'église de Tron. Le Tron lui-même (c'était une balance publique) a existé il y a très longtemps, avec l'agréable coutume d'y clouer les oreilles des commerçants qui donnaient des poids courts.

Entre ce point et Candleriggs se trouvaient les principaux bureaux d'autocars. Du bureau des voitures de Walker à la « Tontine », la voiture postale pour Londres partait vers 1 heure du matin, s'arrêtait au bureau de poste de Glassford Street pour les sacs, y déposait à 13 h 15, s'arrêtait de nouveau à la « Tontine » pour le feuille de route, puis il partit pour de bon, ses cinq lampes éclairant l'obscurité. Son premier arrêt considérable a eu lieu au Beattock Inn, où le petit-déjeuner devant un feu ardent, de l'aiglefin finlandais, des côtelettes, du jambon et des œufs, des baps et des toasts beurrés ont fait amende honorable aux passagers. Telles furent, jusqu'au début de 1848, les premières circonstances du long voyage vers Londres.

Les relais de poste de Glasgow étaient répartis dans le Gallowgate, la Cross et Argyle Street. Le principal d'entre eux était le « Saracen's Head », un grand bâtiment, pour son époque, avec une façade de cent pieds vers Gallowgate. Très admirée au moment de sa construction, en 1754, c'était, selon les idées modernes, une façade de pierre singulièrement sombre et dure qui accueillait les voyageurs qui s'arrêtaient ici , dans ce qui était alors de loin la première hôtellerie de la ville. de Glasgow.

LA « TÊTE DE SARRACE »

Il se trouvait à proximité de l'endroit où le port est du Gallowgate marquait les anciennes limites de la ville dans cette direction, et devait son origine à l'expansion de Glasgow à la suite des temps plus sédentaires qui suivirent la suppression des « Quarante-cinq ». Les magistrats de Glasgow firent supprimer l'ancien port de Gallowgate en 1749 et, dans leur zèle pour l'extension de la ville, n'épargnèrent rien ; démolir le palais de l'archevêché voisin du XIVe siècle et profaner la chapelle et le cimetière de Sainte-Mangouste sans les murs. En 1754, ils annoncèrent qu'ils étaient prêts à vendre l'ancien cimetière pour se quereller et offrirent des incitations spéciales à toute personne spéculative qui entreprendrait la création d' un hôtel, alors estimé comme étant grandement nécessaire à Glasgow ; où, jusqu'à cette époque, il n'existait que des auberges d'un caractère douteux et d'un état insalubre qui ne laissait aucun doute. Le spéculateur s'est bien présenté, en la personne de Robert Tennent, propriétaire à l'époque de l'auberge « White Hart », à Gallowgate, qui, le 24 novembre 1754, acheta le terrain du cimetière, étant entendu qu'il y construisait un hôtel selon plans à convenir. En guise d'incitation supplémentaire, les vendeurs jetèrent en plus les pierres du palais de l'archevêché démoli, et c'est à partir d'elles que fut construite la « Tête des Sarrasins ».

Tennent commença immédiatement à construire et éleva son hôtel sur l'emplacement du cimetière ; arrachant et détruisant sans scrupules les tombes des vieux bourgeois d'il y a deux cents ans. En décembre 1755, il avait achevé le bâtiment et quitté le « White Hart » : annonçant dans le *Courant d'Édimbourg* du 18 décembre que sa nouvelle maison était une « nouvelle auberge pratique et belle », construite par lui-même à la demande des magistrats de Glasgow. . Il profite de l'occasion pour informer « toutes les dames et tous les messieurs » qu'il dispose désormais de « 36 casernes de pompiers aptes à recevoir des locataires. Les chambres à coucher sont toutes séparées, aucune d'elles n'entrant par une autre, et sont si bien conçues qu'il n'est pas nécessaire de sortir par des portes pour y accéder. Les lits sont tous très bons, propres et exempts d'insectes » – ce qui n'était évidemment pas souvent le cas, sinon il n'aurait pas eu besoin d'insister sur ce fait.

Malgré les avantages particuliers de sa maison – son indépendance par rapport à Keating ou à ses prédécesseurs, et la commodité pour les invités de ne pas être obligés de sortir pour atteindre leur chambre – la spéculation de Tennent fut un échec et, le 3 février 1757, il est mort, lourdement endetté. Ses créanciers, ne sachant que faire de la maison, la louèrent à sa veuve moyennant un loyer de 50 £ par an. À sa mort, en 1768, elle fut vendue à James Graham, du « Black Bull », qui la poursuivit avec beaucoup de succès jusqu'à sa mort en 1777. Mais bien qu'il ait connu un tel succès avec la « Tête de Sarrasin », il a été malheureux dans d'autres directions et est mort en faillite. Sa veuve lui succéda, qui épousa en 1791 un certain Buchanan, qui semble avoir été une personne plutôt sauvage, et qui fit lui-même faillite en 1791, mourant deux ans plus tard.

En 1792, la « Tête de Sarrasin » fut achetée par William Miller ; qui, plus tard, le transforma en magasins et en immeubles.

L'enseigne de la maison était une énorme image à mi-corps d'un Sarrasin enturbanné, aux yeux écarquillés, représenté tirant férocement son cimeterre, et vêtu d'une robe couleur bordeaux, ornée d'une ceinture rouge.

Cette maison était exceptionnellement célèbre en tant que monument littéraire. En octobre 1773, Johnson et Boswell restèrent deux nuits, à leur retour des Hébrides ; le poète Gray aurait rencontré les frères Foulis, célèbres imprimeurs de Glasgow, et aurait conclu ici les arrangements pour l'édition de ses poèmes, dont la célèbre *Élégie* ; Dorothy Wordsworth, dans son « Journal », du 22 août 1803, raconte à quel point elle et son frère étaient heureux de quitter enfin la voiture fatiguée et de se retrouver dans « le petit salon tranquille » du « Saracen's Head » .

Les magistrats, à cette époque un groupe d'hommes conviviaux, ravis de se réunir dans la « salle des magistrats », et leur capacité à boire profondément peut être jugée par la taille du célèbre bol à punch de l'établissement, qui contenait cinq gallons. Orné des armes de la ville, il était généralement apporté, à hauteur d'épaule, par le propriétaire lui-même, et placé en grande cérémonie devant le président et les magistrats, qui étaient probablement eux-mêmes ramenés chez eux à un stade ultérieur de la session, ou laissés dormir. les effets sous la table. Le bol a été perdu de vue pendant de nombreuses années. Vu pour la dernière fois en 1860, on pense qu'il n'existe plus.

Le bâtiment « Tête de Sarrasin » disparaît définitivement en 1904.

Le « Black Bull », juste derrière le « Saracen's Head », a été construit à proximité du port ouest, dans Argyle Street, en 1758, et tire son nom d'une ancienne auberge de l'autre côté de la route, conservée à cette époque, par James Graham, qui acquit par la suite la « Tête de Sarrasin ». La construction du « Black Bull » était une spéculation judicieuse de la Highland Society, qui, en 1757, acheta le site en pleine propriété pour 260 £ 11 s. 6 j. Il contenait vingt-trois chambres et six salles de réception, et était pourvu d'un nombre suffisant de caves : au nombre de six. Depuis plusieurs années, le loyer semble avoir été de 100 £ par an. En 1788, il s'élevait à 140 £ et, en vertu d'un bail de dix-neuf ans de 1789 à 1808, à 245 £. En 1825, lorsque des magasins furent construits au rez-de-chaussée, le loyer combiné des magasins et de l'hôtel s'était élevé à 1 168 £ ; par lequel il semblerait que la Highland Society avait obtenu la pleine mesure et débordé de son investissement de 260 £ en 1757.

L'année 1849 voit la fermeture du « Black Bull » lorsqu'il est transformé en établissement de draperie. Le bâtiment se trouve au coin de Virginia Street et est maintenant occupé par MM. Mann, Byars & Co.

Plus tard, et plus avancé en termes de confort, fut le « Tontine Hotel », construit à l'origine sous le nom de Glasgow Exchange, en 1781-2. Bénéficiant de l'avantage d'une position centrale, à Cross, il devint finalement l'hôtel le plus important de Glasgow. Il a été loué à un «M. Smart » en 1784, comme hôtel ; un café et d'imposantes salles de lecture formant des compléments importants.

L'arrivée des journaux londoniens aux Tontine Reading Rooms était autrefois le signal d'une agitation tumultueuse. Dès qu'il reçut le sac de papiers de la Poste, le serveur s'enferma dans le bar. Après avoir trié les différents papiers et les avoir mis en tas, il ouvrit la porte et, se précipitant brusquement au milieu de la pièce, jeta tout le tas jusqu'au plafond. Puis vint une ruée irrésistible d'abonnés, chacun se précipitant pour s'emparer d'un journal. Parfois, un gaillard chanceux et agile en obtenait cinq ou six et s'enfuyait dans un coin pour choisir son favori : toujours vivement poursuivi par une demi-douzaine de brouilleurs déçus, qui, sans cérémonie, arrachaient le premier qu'ils pouvaient attraper, sans se soucier de rien. il est déchiré lors du concours. On voyait alors souvent un groupe de gentlemen étalés sur le sol et se grimpant les uns sur les autres, comme autant d'écoliers.

Le nom de l'hôtel dérive du principe financier, semblable à une loterie, de la tontine, par lequel les fonds de construction étaient collectés.

Cent sept actions de 50 £ chacune furent souscrites en 1781 ; les intérêts de l'investissement étant payés à intervalles réguliers, et les biens dévolus progressivement, à mesure que les membres de la tontine mouraient, aux survivants ; le nombre décroissant des personnes à partager augmentant *au prorata* la valeur de la propriété des survivants.

Le « Hôtel Tontine » a cessé d'être un hôtel il y a de nombreuses années et est maintenant l'entrepôt de MM. Moore, Taggart & Co.

XXXVI

VOICI donc arrivés à la fin de ce long voyage, dans les rues bruyantes et surpeuplées de la Glasgow moderne.

Je n'essaierai pas de décrire le Glasgowien : il en existe tant de variétés. Ni son accent, qui échappe à toute caractérisation . Le Londonien, habitué à penser que sa propre ville est animée et bondée, découvrira, en arrivant à Glasgow, qu'il a encore quelque chose à apprendre sur les rues encombrées. Qu'il se rende, par exemple, à la gare centrale du chemin de fer calédonien (dont les sifflets des locomotives peintes en bleu de Prusse ont un accent qui leur est propre) et il verra une marée haute de vie nouvelle pour lui.

TRONGATE.

Quant à l'ancienne Glasgow, je ne sais où vous la chercher, à moins que ce ne soit dans la cathédrale, et elle est en effet ancienne. Le reste est très nouveau, et pourtant très gris et sombre, car les immenses intérêts commerciaux de Glasgow ont non seulement obligé l'extension de la ville, mais encore la reconstruction complète de son centre, et l'ont fait reconstruire exclusivement en pierre . Les rues principales sont en pierre, sont pavées de pierre et ont des bâtiments remarquablement hauts, ainsi que les rues secondaires : la seule différence étant que, tandis que les rues principales contiennent les magasins, chaque rue secondaire qui en sort est plus ou moins une rue. sale bidonville, où de sales petits garçons et filles aux jambes nues et à la queue en lambeaux jouent sur la route ou crachent par les fenêtres sur l'étranger qui passe. Je suppose que les gens respectables font leurs affaires en ville et vivent en dehors.

Il n'y a pas de couleur à Glasgow, qui, une fois qu'on est hors du bruit et de l'agitation des rues commerçantes, est donc un endroit très déprimant ; et je pense que l'éloge de l' Écossais , "Mec , tu devrais vivre à Glesca", il y a de si belles visages pour sortir o't », a dû en tenir compte inconsciemment.

D'une certaine manière, et d'une seule, Glasgow ressemble à Londres. C'est ainsi que la Clyde la divise, au nord et au sud. Au nord, vous avez le vieux Glasgow et ses extensions immédiates ; au sud se trouvent les districts dépendants de Hutchesontown , Laurieston , Gorbals, Govanhill et une douzaine d'autres.

La Clyde et le quartier du bassin houiller du Lanarkshire sont les facteurs déterminants qui ont fait de Glasgow ce qu'elle est, mais bien que sa richesse et sa taille soient d'une croissance moderne, elle n'est pas un lieu parvenu et parvenu sans histoire. Saint Kentigern, ou Saint Mangouste, le saint patron de Glasgow, est venu ici dès 543 après JC , mais très tôt, Glasgow était déjà là, sous l'apparence d'un hameau sur le Molendinar Burn, là où se trouve aujourd'hui la cathédrale. , et un autre plus près de la Clyde.

Et ici, avec cette mention de Saint Kentigern, il est nécessaire pendant un certain temps de détourner le flux du récit historique vers l'intéressant marigot de la biographie sainte, et ainsi d'apprendre l'histoire de la façon dont la ville est née de ses armoiries singulières.

Kentigern, le fondateur du siège, est né en 518 ou 527 APRÈS J.-C. et n'était en aucun cas une personne humble, ayant été le fils d'Ewen ap Urien, prince de Strathclyde, et de Thenewth , fille de Loth, Roi de Northumbrie. Kentigern est né à Culross, où, dans sa jeunesse, il entra dans l'Église, sous la direction et la protection de saint Serf, le vieil évêque de Culross, qui lui montra une grande affection et le surnommait intimement « Munchu . », un surnom qui dériverait de mots signifiant « cher petit garçon bien élevé ». Kentigern était non seulement urbain, mais aussi pieux et précoce, d'une telle sainteté qu'il était capable d'accomplir des miracles. Le premier d'entre eux fut de ressusciter un rouge-gorge de compagnie appartenant à son patron, qui avait été accidentellement tué par d'autres garçons du monastère, qui lui imputaient la responsabilité de l'accident. Prenant l'oiseau mort dans sa main et faisant le signe de croix, il se réveilla et s'envola en gazouillant vers son maître.

Le miracle suivant fut manifesté pour réprimander ses jeunes compagnons espiègles, qui, le voyant s'endormir sur un feu consacré auquel il était de son devoir d'assister, l'éteignirent. Kentigern se contenta, à son réveil, de sortir et de trouver une branche de noisetier gelée sur laquelle il souffla au nom de la Trinité, après quoi elle s'enflamma.

La sainteté précoce et les miracles étonnants de Kentigern impressionnèrent tellement saint Serf — tant bien que mal — que lorsque le cuisinier attaché au monastère mourut subitement au moment des moissons et que les moissonneurs retournaient à un dîner qui n'avait pas été préparé, l'évêque se contenta de lui a donné le choix de préparer le dîner ou de ressusciter le cuisinier d'entre les morts. Quoi qu'il en soit, Kentigern n'était pas un *chef*, et il fit donc la chose la plus facile à réaliser, et ressuscita le cuisinier, qui était sans doute reconnaissant : mais probablement pas aussi reconnaissant que les faucheurs, qui échappèrent de peu à ce que leur dîner soit gâché.

Mais ce ne sont pas là ses exploits les plus célèbres ; et n'étaient que des spectacles secondaires comparés à la célèbre aventure de la reine de Cadzow, qu'il a sauvée de la tragédie. Il semble que le roi de Strathclyde ait offert à son épouse une bague d'un grand prix et d'une beauté singulière, mais qu'elle la présenta à son tour à un chevalier avec lequel elle entretenait une amitié particulière. Par malheur, le roi l'aperçut au doigt du chevalier et, indigné que son cadeau ait été transmis, le lui arracha et le jeta dans la Clyde. Alors, sans rien dire de ce qui s'était passé, il le lui demanda. Elle fit une excuse temporaire et, en détresse, se tourna vers Kentigern, qui écouta patiemment, puis lui ordonna de faire jeter une ligne à pêche dans la rivière, lorsque le premier poisson accroché aurait l'anneau manquant dans l'estomac. .

LES ARMES DE GLASGOW.

La ligne fut lancée, le poisson attrapé, et l'anneau dûment retrouvé et rendu au roi, qui fut ainsi complètement trompé. Nos sympathies vont plutôt au roi, pour cette affaire, qu'à la reine, ou à la sainte, qui ne semblent pas avoir pu résister aux larmes d'une femme ou au désir de se montrer ; même si c'était pour une cause douteuse.

Mais il était à la hauteur de n'importe quelle urgence. Prêchant une fois à une grande foule, pour laquelle il était presque inaudible et invisible, en raison de la planéité du sol sur lequel il se tenait, il fit pousser un monticule sous ses pieds et prophétisa que Glasgow s'élèverait comme le monticule l'avait fait.

Finalement, il mourut en 603 APRÈS JC et fut enterré sur le site où se trouve la cathédrale de Glasgow.

Les armoiries de Glasgow illustrent bon nombre de ces histoires, mais n'ont été adoptées que vers la fin du XVIe siècle, la première représentation d'elles se trouvant sculptée au-dessus de l'entrée de Tron Kirk et datée de 1592. Elles ont été formulées héraldiquement à l'époque moderne. , et, dans le langage des hérauts, sont : « D'argent, sur une monture en pointe, un chêne au naturel : la tige et le fût surmontés d'un saumon sur le dos, au naturel également, avec une chevalière à la bouche. , ou; au sommet de l'arbre un rouge-gorge, et sur la sinistre fasce une cloche ancienne, toutes deux également propres » . la cloche fait référence à celle qu'il aurait rapportée de Rome. L'écusson comprend une demi-longueur du saint, en acte de bénédiction, et les supporteurs sont deux saumons.

LA CATHÉDRALE DE GLASGOW ET LA NÉCROPOLE.

Bien que les armoiries soient modernes, des dispositifs identiques ou similaires sont apparus sur le sceau commun de Glasgow dès une période ancienne : le monticule, cependant, étant un ajout relativement récent, rendu nécessaire par le fait que la branche de noisetier est devenue, par une espèce inexpliquée d'évolution. , un chêne. La plus ancienne représentation du monticule serait celle montrée sur la cloche de Tron Kirk, qui expose également pour la première fois la célèbre devise de Glasgow, qui, dans sa forme originale et non expurgée : « Seigneur, que Glasgow prospère par la prédication de la Parole et louant ton nom », se trouve au-dessus de l'entrée de l'église de Blackfriars.

Le caractère théologique et missionnaire de cette aspiration fut complètement obscurci en 1699, lorsque la forme abrégée fut utilisée pour la première fois comme devise de la ville : l'inférence, pour les esprits satiriques, était désormais « Que Glasgow s'épanouisse – par tous les moyens ».

L'incrédulité populaire à l'égard de ces choses miraculeuses s'exprime dans les lignes suivantes :

C'est l'arbre qui n'a jamais poussé,

C'est l'oiseau qui n'a jamais chanté,

C'est la cloche qui n'a jamais sonné,

C'est le poisson qui n'a jamais nagé.

L'église Saint-Enoch, construite en 1780, et le terminus Saint-Enoch doivent tous deux, d'une certaine manière, leur nom à Kentigern. Saint Enoch est un nom que vous ne trouverez pas dans la hiérarchie des saints. Une telle personne n'a jamais existé, le nom n'étant qu'une corruption de celui de Thenewth , la mère de Kentigern.

La cathédrale elle-même est dédiée à Kentigern, sous le surnom que lui a donné Saint-Serf.

LA CATHÉDRALE

La cathédrale Sainte-Mangouste, située sur le site où, près du « Glas -coed » ou « bois sombre » de la colonie d'origine, le saint a érigé son église de mission en bois il y a environ mille trois cent cinquante ans, est le successeur de plusieurs bâtiments. qui ont été érigées sur place et qui, dans leur forme actuelle, datent de ce que nous avons l'habitude d'appeler la première période anglaise du milieu du XIIIe siècle. Il se compose d'une nef de 155 pieds de longueur et d'un chœur de 97 pieds ; avec des allées, Lady Chapel et Chapter House; tandis que la crypte située sous le chœur est l'un des éléments les plus frappants de l'édifice.

Occupant le point culminant de Glasgow, la cathédrale se trouvait autrefois au milieu d'un très beau paysage, mais de nos jours elle est entourée des quartiers les plus pauvres et bien qu'elle offre une vue d'une certaine étendue, ce ne sont que des toits et des cheminées et des Autrefois joli flanc de colline, aujourd'hui recouvert de monuments plus ou moins grands du cimetière appelé « Nécropole ». L'ancien brûloir de Molendinar , qui s'étendait dans le creux entre la cathédrale et le Golgotha bondé, a été recouvert il y a longtemps et son tracé a été transformé en une route enjambée par le pont menant au cimetière, appelé « Pont des Soupirs ». Au-dessus de tous les autres monuments de cette colline sinistrée se trouve la haute colonne couronnée par une effigie de John Knox. La cour de la cathédrale elle-même est un endroit lugubre. Là, formant un pavé serré, se trouvent les monuments commémoratifs de nombreux citoyens de Glasgow décédés : les pierres brisées et galeuses ; et un de ces féroces monuments dénonciateurs des Covenanters avec lesquels tout visiteur en Écosse se familiarise bientôt.

Ils sauront, au Jour de la Résurrection,

Assassiner des Saints n'était pas un jeu doux.

Ainsi court la rime sauvage.

La cathédrale, comme d'autres bâtiments ecclésiastiques en Écosse, est entretenue par le Bureau des Travaux et est ouverte à dix heures du matin par un fonctionnaire en uniforme. Il fait noir au dehors et extrêmement sombre au dedans : la crypte, à cause de l'obscurité et du dédale de piliers, est un lieu où l'étranger est réduit à tâtonner. Bref , un bâtiment d'une beauté exquise, mais humide et sombre dans une certaine mesure. Une grande partie de cette obscurité est causée par les mauvais vitraux, héraldiques et autres vitraux semi-opaques et très colorés , insérés il y a un demi-siècle.

Glasgow a toujours été fière de sa cathédrale. Sir Walter Scott fait écho à cette attitude dans « Rob Roy », où il fait dire à Andrew Fairservice : « Un brave kirk, nane o' yer des whigmaleeries , des curliewurlies et des ourlets d'opensteek à ce sujet - un maçon solide et bien articulé , qui tiendra aussi longtemps que le monde , gardera les mains et la poudre à canon . affreux .»

construction en maçonnerie solide et bien articulée » aurait été mauvaise pour elle lorsque le levain de la Réforme opérait, si les Glasgowiens, plus fiers de l'édifice que de la religion qu'il défendait, n'avaient pas présenté un front audacieux contre le gouvernement. fureur des communes environnantes et de leurs propres banlieues, désireuses de le détruire complètement. Encore une fois, selon les mots d'Andrew Fairservice , « Ce n'était pas par amour du papier — na , na ! personne ne pourrait jamais dire cela des métiers de Glasgow. Ils sont donc parvenus à un accord pour retirer les statues idolâtres des saints (que le malheur soit sur eux) de leurs neuks . Et ainsi, les morceaux d' idoles de Stane ont été brisés en morceaux par mandat de l'Écriture et jetés dans le feu de Molendinar , et la vieille église s'est tenue aussi folle qu'un chat quand les puces lui ont été enlevées , et tout le monde était également content.

CROMWELL

La cathédrale fut alors conçue pour répondre aux besoins de pas moins de trois congrégations : une réunion dans le chœur, une autre dans la nef et une troisième dans le Laigh Kirk, ou Low Church (c'est-à-dire la crypte) . L'ancien bûcher n'a pas été sans moments dramatiques, comme lorsque, en octobre 1650, Cromwell lui-même était assis ici, impassible, avec M. le secrétaire Thurlow, tandis qu'un prédicateur furieux, le Dr Zachary Boyd, imitait un exploit similaire de John Knox devant la reine. Marie, plusieurs années auparavant, lui avait prêché pendant deux heures, le qualifiant de « sectaire et blasphémateur ».

« Dois-je lui tirer les oreilles et lui tirer dessus ? » murmura Thurlow, sa colère prenant le dessus sur ses instincts d'avocat.

"Non", répondit l'homme de force et d'armes, d'une manière inhabituelle, mais grossièrement diplomatique. "C'est un imbécile et tu en es un autre : je le paierai avec sa propre monnaie."

Il invita Boyd à dîner et, après le repas, fit une prière épuisante de trois heures. Après ce traitement homéopathique « comme les remèdes comme » le Dr Boyd rentra chez lui, hébété, se couchant et faisant des cauchemars : mais cela aurait sûrement été plus joliment exaspérant si Cromwell avait prié ses trois heures *avant* le dîner.

La place de la cathédrale jouxte l'un des quartiers les plus sordides de Glasgow, mais c'est ici que se dresse le plus ancien bâtiment résidentiel de la ville. L'attention de l'étranger est d'abord attirée par la légende « Seigneurie de Provand », peinte sur la façade en pierre patinée du salon de coiffure qui occupe une partie du rez-de-chaussée. Puis, en jetant un coup d'œil au toit à forte pente et aux pignons à gradins , caractéristiques de l'ancienne architecture écossaise, il s'apercevra qu'il contemple bien un édifice très révérend. Il a en fait été érigé à l'origine pendant l'épiscopat de l'évêque Muirhead, 1455-1473, comme presbytère pour certains membres du clergé de la cathédrale, et cette partie du bâtiment présente encore un écu aux armes de l'évêque : trois glands , sur un virage. En 1570, peu après que la Réforme eut dépossédé le clergé de ses propriétés, William Baillie, à qui la reine Mary avait accordé les terres et les maisons de la seigneurie de Provand en 1565, ajouta l'aile qui donne maintenant sur la rue. Ici, en 1565, avant que cet ajout ne soit fait, la reine séjourna lors de sa visite à Glasgow. Le visiteur, explorant les salles anciennes et intéressantes, mais lamentablement inconfortables, soupçonnera plus que jamais que la bonté du « bon vieux temps » est un mythe.

SEIGNEURIE DE PROVAND

Mais pourquoi « Seigneurie de Provand » ? Vous pourriez rester toute la journée sur la place bondée de la Cathédrale et sonder tous les passants ; et pourtant personne ne pourrait vous le dire, à moins que vous ne tombiez sur l'un des principaux esprits du « Provand's Lordship Literary Club », le Dr Robert B. Lothian, MM. RH Arnott, Thos. Lugton et Jas. Murphy, qui vient d'acheter la propriété.

LA PLUS ANCIENNE MAISON DE GLASGOW.

Selon ces autorités et d'autres, la maison fut d'abord érigée comme résidence du prêtre responsable de l'hôpital Saint-Nicolas, et devint ensuite la résidence de l'un des prébendiers de la cathédrale, le prébendaire de Balarnock , dont la prébende comprenait une longue bande de terre s'étendant de la cathédrale à Cowlairs et Provanhall , à huit kilomètres à l'est, où se dressent encore sa maison de campagne et celle de ceux qui lui ont succédé. Il était seigneur du manoir de Provan, tout comme ses successeurs laïcs. Ainsi, « Provand's Lordship », un titre que Lord Rosebery, s'exprimant en octobre 1907 lors d'un dîner donné par le « Provand's Lordship Literary Club », se déclara incapable de comprendre. Mais ce que ce triste personnage fugitif de l'échec politique ne peut pas comprendre n'est pas, on le verra, après tout, si difficile à comprendre.

XXXVII

Revenons maintenant à l'histoire laïque de Glasgow, qui a été si longtemps interrompue. Le village était devenu en 1136 suffisamment important pour abriter la première cathédrale et ainsi, au fil des siècles, il s'est développé, conservant la réputation d'être « un petit endroit extrêmement beau » jusqu'à l'aube du XVIIIe siècle. Très tôt, il défendit la loi et l'ordre et préféra les Hanovriens aux Stuarts, à la fois en 15 et en 1945 : s'opposant au Old Pretender la première fois avec 600 hommes, et au Prince Charlie la seconde fois avec le double de ce nombre. Mais la ville devait fournir aux rebelles de 1745 5 000 £ d'or et 500 £ de munitions. Sa population était alors d'environ 50 000 habitants. En 1768, lorsque l'on peut dire que la carrière commerciale moderne de Glasgow commença, les travaux d'approfondissement de la Clyde alors entrepris, comptaient environ 70 000 habitants. Au début du XIXe siècle, ce chiffre s'élevait à 83 769, en 1851 à 360 000 et s'élève aujourd'hui à près d'un million.

LE CLYDE

Le génie commercial et l'énergie clairvoyante du peuple écossais ont transformé ce qui était autrefois l'estuaire peu profond et boueux de la Clyde en une voie navigable très fréquentée sans égal au monde. En tant que rivière, la Clyde n'a jamais compté pour grand-chose, mais en tant qu'estuaire, elle a toujours eu une importance ; une importance cependant malheureusement neutralisée par les hauts-fonds qui, dès les premiers temps connus, obstruaient le passage. Même dans des jours reculés, Glasgow tenta de dégager le chenal et, en 1565, des efforts furent consacrés à augmenter la profondeur du chenal et à corriger son cours, « sans but dans ses errances et dangereux avec ses berges et ses sables mouvants » . Mais peu de choses furent faites et, en 1651, on rapporta que la ville se remplissait de plus en plus chaque jour. À cette époque, aucun navire considérable ne pouvait s'approcher plus près de Glasgow que Dumbarton, distant de quatorze milles, et le tonnage du port n'était que de 957 tonnes. Cette situation persista jusqu'en 1740, lorsque John Golborne, un ingénieur de Chester, fut employé pour draguer et construire des jetées.

Mais en 1755, les hautes eaux du Broomielaw donnaient encore une profondeur de cinq pieds seulement, et aux basses eaux, il n'y avait que dix-huit pouces. Aujourd'hui, au même endroit, il y a une profondeur d'eau de vingt-cinq pieds, et les plus grands paquebots de haute mer gisent au large des quais bondés.

Mais il n'y a pas de finalité ici. Si tel était le cas, Glasgow envisagerait de fermer boutique. Le dragage est toujours en cours et le Loch Long sans fond reçoit toujours la récolte de boue qui en résulte. Pendant ce temps, les revenus du River Clyde Trust montent en flèche. Il y a cent cinquante ans, c'était 1 500 £ par an. En 1898, il s'élevait à 430 000 £ et dépasse sans doute aujourd'hui considérablement le demi-million de livres sterling. Le Broomielaw , autrefois, dans un passé lointain, une commune sauvage au bord de l'eau où les genêts et la bruyère prospéraient, est maintenant une combinaison de Thames Street et de Blackfriars, à Londres, la ressemblance étant renforcée par la similitude du pont de Glasgow et des ponts ferroviaires à poutres en treillis avec ceux qui enjambent la Tamise.

La beauté de ces cours inférieurs de la Clyde a donc disparu ; mais bien que la rivière de Glasgow ressemble et sente beaucoup un égout, les Glasgowiens en sont fiers, comme ils ont parfaitement le droit de l'être, car c'est la leur. On raconte l'histoire d'un homme de Glasgow si exclusif qui s'est fait assurer par un Canadien qu'une douzaine de Clydes pourraient être ajoutées au Saint-Laurent, et aucune différence n'a été observée. « Weel, mebbe », aurait dit le Glasgowien ; « Le Saint-Laurent est la guerre de l' Almichty , mais nous avons construit les ponts de la Clyde . »

Les chantiers navals de Clyde sont aujourd'hui les premiers au monde, et les rives du fleuve, de la ville de Glasgow à Port Glasgow et Greenock, résonnent du bruit des marteaux et du bruit des riveteuses qui s'affairent à augmenter le tonnage maritime de la nation.

Au nord de la cathédrale se trouve le quartier plus que d'habitude peu attrayant de Port Dundas, où, à côté des deux canaux qui donnent au quartier le nom assez magnifique de « Port », se trouvent toutes sortes d'entrepôts et de manufactures. C'est aussi le quartier de St. Rollox . Je ne sais pas qui était St. Rollox , mais son nom suggère qu'il est un champion de canotage canonisé . L'endroit est remarquable pour la haute cheminée de l'usine chimique de Townsend : « St. La grosse tige de Rollox , mesurant 489 pieds de hauteur, est considérée comme la plus haute cheminée du monde. Dans un vent furieux, il se balance comme un mât de drapeau. Après cinquante ans d'existence, la haute cheminée était en cours de rejointoiement en août 1907 lorsque John Goldie, un clocher, tomba du sommet et fut bien sûr tué, tous les os de son corps étant brisés.

LES BLAZES DE DIXON.

Le sud, tout comme le nord, a ses attraits industriels. De l'autre côté de la rivière, à Hutchesontown , se trouve le célèbre « Dixon's Blazes » : de grandes usines sidérurgiques qui projettent une lueur infernale la nuit sur la rue et les tramways qui passent. Aucun Glasgowien ne permet jamais volontairement à un étranger de partir sans voir les « Dixon's Blazes » : mais, après tout, Middlesbrough peut montrer de plus grandes vues de ce genre.

Après tout, les vues les plus instructives sont celles de Glasgow un samedi soir et du même endroit (mais tellement changé que vous vous demandez : est-ce que ça *peut* être pareil ?) le dimanche. Le samedi à minuit, Glasgow est ivre et les quartiers de Trongate et de la gare centrale sont de véritables pandémoniums : mais le dimanche, ceux qui n'ont pas été assez réfléchis pour avoir déposé dans un magasin privé d'alcool doivent avoir soif, car l'Écosse est la terre. de fermeture rigoureuse le dimanche. Le seul moyen de contourner cette observance barbare est de s'armer d'une ordonnance d'un médecin complaisant, indiquant ce qui suit :

Sp. Vin. Fiel. onces. je

Aqua Soda Effervesc . onces. iv

Divers .

Présenté dans n'importe quelle pharmacie, il en résulte , chose étrange à dire, une préparation qui ne se distingue pas de ce qui est vendu en semaine dans les bars publics sous le nom de « whisky et soda ».

C'est le long de la Great Western Road et dans le parc de Kelvingrove que le dimanche trouve Glasgow à son meilleur : car vous êtes là dans les quartiers résidentiels, et les plus belles plumes sont alors utilisées pour le défilé de l'église. C'est le pittoresque rendu encore plus pittoresque par l'ensemble majestueux des bâtiments universitaires, érigés entre 1866 et 1870.

PLACE GEORGES

Glasgow ayant la réputation d'être la « ville la mieux gouvernée de Grande-Bretagne », il incombe à l'étranger, sinon de fouiller dans ses grands tramways, ses entreprises de gaz, d'eau et d'éclairage électrique, et autres activités municipales similaires, du moins de voir le centre civique du lieu. C'est la Place Georges. Un citoyen de Glasgow – je pense qu'il était Lord Provost, ou à tout le moins bailli – a écrit une histoire de George Square, dont les pages vous apprendront comment (comme la Grande-Bretagne surgissant du ciel sur l'ordre du ciel) George Square est né d'un pitoyable malebolge , à la demande auguste du conseil municipal. C'est une histoire qui touche à de grandes questions, et si elle ne fait pas battre mon cœur plus vite, c'est ma propre insuffisance.

Pour un Londonien, qui ne peut s'empêcher de ressentir son vice de comparaison, George Square est un autre Trafalgar Square, plus petit. Pour faciliter la ressemblance et confirmer la petitesse de l'échelle, voici une colonne au centre . Sir Walter Scott, et non Nelson, c'est qui en effigie occupe le sommet. Il semble que, avec un peu d'arrosage judicieux et une culture soignée, elle pourrait un jour devenir une colonne Nelson. Tout autour se trouvent d'autres statues : effigies équestres de la reine Victoria et du prince Albert ; et Colin Campbell, Thomas Campbell, Peel, Livingstone, Sir John Moore, Burns et d'autres à pied. Un côté de la place est occupé par les « City Chambers » : ce que nous appellerions en Angleterre le Town Hall. Il s'agit d'un grand édifice conçu par William Young, architecte du nouveau bâtiment du War Office à Londres ; et dans le même style classique de la Renaissance, avec les mêmes vieux pavillons à roulettes à chaque extrémité : les petits habituels (pour Cayenne) au milieu, et l'inévitable fronton et la tour indispensable. Le coût était de 540 000 £, le bâtiment a été ouvert en 1888, et celui-ci, le troisième ou le quatrième hôtel de ville de Glasgow, chacun successivement plus grand que son ancêtre, est déjà trop petit. Il en va de même pour le bâtiment peu pratique du General Post Office, situé à proximité , ouvert en 1876.

En ce qui concerne le Valhalla en bronze des héros de George Square, il convient de noter que Glasgow est, en général, grande en statues et en monuments commémoratifs. La statue de Wellington la plus majestueuse qui existe est probablement celle devant la Bourse, une effigie équestre de Marochetti . Nelson, quant à lui, est commémoré par un grand obélisque sur Glasgow Green.

note de bas de page

<u>1</u> Viande et location.

LA FIN